精神时代

图话时代精神

主　编　　　杜鸿林
副主编　　　张健华　宋　奇
编写人　　　杜鸿林　张健华
　　　　　　宋　奇　丁大同
　　　　　　翟　祎　钟　彬
　　　　　　刘玉靖　石晓霞
　　　　　　武冰洁
组织统筹通稿审定　杜鸿林

天津人民出版社

图书在版编目(CIP)数据

图话时代精神／杜鸿林主编.—天津：天津人民出版社,2010.9
ISBN 978-7-201-06719-3

Ⅰ.①图… Ⅱ.①杜… Ⅲ.①中华民族—民族精神—研究 Ⅳ.①C955.2

中国版本图书馆 CIP 数据核字(2010)第 167448 号

天津人民出版社出版
出版人：刘晓津
(天津市西康路 35 号 邮政编码：300051)
邮购部电话：(022)23332469
网址：http://www.tjrmcbs.com.cn
电子信箱：tjrmcbs@126.com
高等教育出版社印刷厂印刷 新华书店经销

2010 年 9 月第 1 版 2010 年 9 月第 1 次印刷
787×1092 毫米 16 开本 8.25 印张
字数：170 千字
定价：29.00 元

引　子

中国共产党成立已经近九十年，

中国共产党执政已经六十多年，

中国共产党领导改革开放已经三十多年。

从我们党成立的 1921 年起，到 1949 年止，中国实现了从半殖民半封建社会到民族独立、人民当家作主新社会的历史性转变。这一历史时期，是我们党领导亿万人民进行革命的时代。

从我们党执政之日起，到上个世纪五十年代后期，中国实现了从新民主主义革命到社会主义革命和建设的历史性转变。这一历史时期连同相继而来的年月，是我们党领导亿万人民进行建设的时代。

以 1978 年为历史新起点，中国实现了从高度集中的计划经济体制到充满活力的社会主义市场经济体制、从封闭半封闭到全方位开放的历史性转变。这一历史时期，是我们党领导亿万中国人民进行改革开放的时代。

革命、建设、改革，各个历史时期构成了一个完整的、不可分割的大时代，即构成了中国共产党领导亿万人民进行革命、建设、改革的大时代。革命时期的精神、建设时期的精神、改革时期的精神，产生于不同的历史环境，具有各自鲜明的历史特征。然而，它们同属一个谱系，都是中国共产党领导中国各族人民共同培育出的精神之花。

是我们党领导中国人民开创了一个寻求现代化、实现现代化的革命、建设和改革的崭新时代，是我们党领导中国人民在创造宝贵的物质财富的同时，创造出了更为弥足珍贵的精神财富——伟大的时代精神。

伟大的时代精神，是可以超越时空的，时间愈久，愈会显示出历久弥新的历史价值。

只有优质精神的记忆，才是我们心灵的第一宝贝；只有优质精神的传承，才是我们世代康健发达的第一福祉。

五四运动标志着中国开始进入了一个新的时代。让我们从"五四精神"一路走来，在中国时代精神的长廊中悉心感受着……

目录

PART 1　五四精神　　　　　　　　　　　1

PART 2　井冈山精神　　　　　　　　　　8

PART 3　长征精神　　　　　　　　　　　15

PART 4　延安精神　　　　　　　　　　　22

PART 5　抗战精神　　　　　　　　　　　27

PART 6　西柏坡精神　　　　　　　　　　34

PART 7　红岩精神　　　　　　　　　　　39

PART 8　抗美援朝精神　　　　　　　　　46

PART 9　大庆精神　　　　　　　　　　　53

PART 10　雷锋精神　　　　　　　　　　58

PART 11　"两弹一星"精神　　　　　　　65

PART 12　北大荒精神　　　　　　　　　70

PART 13　抗击非典精神　　　　　　　　75

PART 14　载人航天精神　　　　　　　　82

PART 15　抗震救灾精神　　　　　　　　89

PART 16　北京奥运精神　　　　　　　　96

PART 17　改革开放精神　　　　　　　　103

PART 18　劳模精神　　　　　　　　　　110

PART 19　60 周年国庆精神　　　　　　　114

PART 20　志愿者精神　　　　　　　　　118

结束语　　　　　　　　　　　　　　　121

引用和参考书文　　　　　　　　　　　122

后记　　　　　　　　　　　　　　　　124

PART 1
五四精神

爱国、进步
民主、科学

五四运动是在思想上和干部上准备了 1921 年中国共产党的成立,又准备了五卅运动和北伐战争。

——毛泽东

中国历史上只有两个时代,一个是"想做奴隶而不得的时代",一个是"暂时做稳了奴隶的时代"。

——鲁迅

五四运动有三种真精神,是学生牺牲的精神,是社会制裁的精神,是民族自决的精神。学生牺牲的精神万岁!社会制裁的精神万岁!民族自决的精神万岁!

——罗家伦

五四运动，是以一批先进的青年知识分子为先锋、广大人民群众共同参与的彻底反帝反封建的伟大的爱国主义运动，也是一场伟大的思想解放运动和新文化运动。它为中国共产党的成立提供了思想上和干部上的准备，使社会主义成为五四运动后新文化运动的主流。

1840年鸦片战争以后，中国逐步沦为半殖民地半封建社会，社会战乱不已，生灵涂炭。从鸦片战争到辛亥革命的七十多年间，无数志士仁人为救亡图存进行了不屈不挠、英勇顽强的斗争，但由于种种原因，这些斗争都没有完成反帝反封建的历史使命，中国期待着新的社会力量寻找先进理论，以开辟救国救民、振兴中华的道路。

文化前奏

1915年，陈独秀创办《青年杂志》，次年改

陈独秀和他创办的《新青年》杂志

称《新青年》，举起"民主"和"科学"两面旗帜，猛烈抨击封建主义旧文化，提倡新文化。

俄国十月社会主义革命的胜利极大地鼓舞和启发了李大钊，他先后发表了《法俄革命之比较观》、《庶民的胜利》和《布尔什维主义的胜利》等文章和演说，号召全国人民走十月革命的道路。他宣称："试看将来的环球，必是赤旗的世界！"1919年，他又发表了《新纪元》、《我的马克思主义观》、《再论问题与主义》等几十篇宣传马克思主义的文章，代表了中国先进分子的新觉醒。

鲁迅及小说《狂人日记》

李大钊

　　1918年5月，周树人首次用"鲁迅"的笔名，在《新青年》杂志上发表了中国现代文学史上第一篇白话小说《狂人日记》，奠定了新文化运动的基石。"我翻开历史一查，这历史没有年代，歪歪斜斜的每页上都写着'仁义道德'几个字，满本都写着两个字'吃人'！"这是《狂人日记》中脍炙人口的一段话。

　　新文化运动为五四爱国运动作了思想准备。五四运动也是新文化运动的继续和发展。

导 火 索

　　第一次世界大战以后，1919年1月开始举行巴黎和会。中国作为战胜国之一，原期望战败国德国在山东攫取的特权将归还中国，不曾想巴黎和会不容讨论地把这一特权交给了另一殖民者——日本。因此，中国人的怒火终于爆发了。在这样的历史背景下爆发了五四运动。

发展过程

　　5月4日下午，北京大学、高等师范学校等十三所学校的三千多名学生，冲破

北京青年学生上街游行

3

觉悟社旧址

军警的阻挠到天安门前集会演讲,后举行游行示威,提出"外争主权、内除国贼""取消二十一条""拒绝和约签字"等口号,同时要求惩办亲日派曹汝霖、章宗祥、陆宗舆。游行队伍向东交民巷进发,遭到使馆巡捕的阻拦,转而来到赵家楼胡同曹汝霖的住宅。学生焚烧了曹宅,军警当场逮捕了三十多名学生。北京学生实行罢课,通电全国表示抗议。

北京学生爱国运动的影响迅速扩大。全国各地纷纷举行游行示威。北京政府被迫于5月7日释放被捕学生。6月3日北京各校学生分组出发到街头演讲;6月4日出动更多的学生进行宣传活动,两天内竟有近千名学生遭到逮捕,从而激起了全国人民更大的愤怒。

天津是全国第一个响应五四运动的城市。天津官立、私立中学的上百所学校29名代表聚集北洋大学,召开天津学生代表大会。先后成立天津学生联合会和天津女界爱国同志会。在这两个组织的发动下,天津的青年学生走上街头,进行集会、讲演、游行、示威。5月23日,天津一万多

天津的学生走上街头游行

名学生举行罢课,要求惩办卖国贼,释放北京被捕的学生。在学生爱国运动的影响和推动下,天津社会各界纷纷行动起来,投入声势浩大的爱国洪流之中。

天津五四运动取得重大胜利后,周恩来与战友们共同商议,将天津学生联合会和

来自上海的声援

天津女界爱国同志会合并成立觉悟社。觉悟社与李大钊在北京创立的"少年中国学会"、毛泽东在湖南创立的"新民学会"遥相呼应。觉悟社的建立,为天津五四运动的发展注入了新的生机和活力。

上海学生罢课,工人罢工,商人罢市,大力声援北京学生。特别是上海工人从 6 月 5 日起发动了有六七万人参加的政治大罢工;南京、天津、杭州、济南、武汉、九江、芜湖等地工人,也都先后举行罢工和示威游行。北京政府为之震惊,不得不于 6 月 6 日释放全部被捕学生。10 日宣布"批准"曹、章、陆三人"辞职"。28 日,中国代表团拒绝在对德和约上签字。五四爱国运动胜利地告一段落。

影　响

五四运动是由北京青年学生发起的一场有工人阶级、小资产阶级、民族资产阶级和其他爱国人士广泛参加的全国性群众爱国运动。具有划时代意义的五四运动,是一个伟大的历史转折点,它揭开了中国新民主主义革命的序幕,为中国的前进开辟了一条全新的道路。

瞿秋白在五四运动后不久写道:"五四运动陡

瞿秋白

然爆发,我于是卷入漩涡。孤寂的生活打破了。""中国民族几十年受剥削,到今日才感受到殖民地化的况味。帝国主义压迫的切骨的痛苦,触醒了空泛的民主主义的噩梦。学生运动的引子,山东问题,本来就包括在这里。工业先进国的现代问题是资本主义,在殖民地上就是帝国主义,所以学生运动倏然一变而倾向于社会主义,就是这个原因。"

吴玉章

革命老人吴玉章回忆五四运动时说:"这是真正激动人心的一页,这是真正伟大的历史转折点。从前我们搞革命虽然也看到过一些群众运动的场面,但是从来没

有看到过这种席卷全国的雄壮浩大的声势。在群众运动的冲击震荡下,整个中国从沉睡中复苏了,开始焕发出青春的活力。"

五四时期,革命青年为争取民族独立、维护国家主权和领土完整而奋不顾身,为反对帝国主义的奴役和封建军阀政府的卖国行径而奔走呼号;先进青年知识分子高举民主与科学的旗帜,积极探索指导中国人民根本改变受奴役、受压迫地位的科学真理和发展道路。他们以高尚的爱国情操和大无畏的英雄气概,诠释了五四精神的丰富内涵,树立了一座推动中国历史进步的不朽丰碑。这是中华民族百折不挠、自强不息的民族精神的生动写照,是抵御外侮、赢得民族独立和人民解放的强大精神支柱,是激励全体中国人民为实现中华民族伟大复兴而团结奋斗的宝贵精神财富。

从五四运动直至今天,一代又一代有志青年和青年学生,在中国共产党的领导下,在五四运动精神的感召下,心系民族命运,心系国家发展,心系人民福祉,用青春和热血书写了中国青年运动的壮丽篇章。在改革开放的历史新时期,当代青年解放思想、开拓进取,为推动改革开放和社会主义现代化建设作出了突出贡献。

五四精神在当代

当代广大青年用实际行动践行着五四精神,丰富发展着五四精神,其中最有代表性的是志愿者精神。当今,青年志愿服务已经融入社会的方

北京青年纪念五四运动九十周年

面面,成为社会主义精神文明建设不可或缺的力量。抗震救灾、扶危济困、重大赛事,处处活跃着青年志愿者的身影。"奉献、友爱、互助、进步"的志愿者精神已成为当代青年的精神时尚。

邰丽华:两耳失聪,但她身残志坚,用生命演绎的舞蹈"千手观音"、"雀之灵"等,感动了中国人,也征服了世界。

邰丽华领舞"千手观音"

徐涛

丁晓兵：他始终把追求的坐标定格在党和国家的利益上，以昂扬的斗志迎战军旅生涯的每一次跨越，自强不息，书写了光辉人生。

徐涛：出国留学后，放弃优越条件回国，刻苦钻研，为我国生物技术赶超国际先进水平作出了突出贡献。

丁晓兵

纪念五四运动90周年大会

在纪念五四运动90周年之际，胡锦涛总书记指出："五四运动以来90年的历史、新中国成立以来60年的历史、改革开放以来30年的历史都充分表明，青年确实是我国社会中最积极、最活跃、最有生气的一支力量，确实是值得信赖、堪当重任、大有希望的！祖国为有这样的青年而骄傲，党和人民为有这样的青年而自豪。"

在开创祖国美好未来的征途上，广大青年和青年学生责任重大、使命光荣。为此，胡锦涛总书记提出四条希望和要求：把爱国主义作为始终高扬的光辉旗帜，把勤奋学习作为人生进步的重要阶梯，把深入实践作为成长成才的必由之路，把奉献社会作为不懈追求的优良品德。

精神链接：

五四运动网上纪念馆
网址：http://54.china1840-1949.net.cn/

五四运动浮雕镶嵌在人民英雄纪念碑基座

纪念五四运动九十周年纪录片《启蒙》
电影《我的1919》（1999年）

7

PART 2
井冈山精神

实事求是、敢闯新路，
矢志不移、百折不挠，
艰苦奋斗、勇于奉献。

日子过好了，艰苦奋斗的精神不要丢了，井冈山的革命精神不要丢了。

——毛泽东

井冈山精神是宝贵的，应当发扬。

——邓小平

虽然我们今天不像井冈山斗争时期那样，每天吃红米饭、南瓜汤了，但井冈山光荣的革命传统一天也不能忘掉。

——江泽民

夺取中国革命胜利离不开井冈山精神，建设和发展中国特色社会主义同样需要井冈山精神。在新的历史条件下，我们要始终忠于理想、坚定信念，勇于应对挑战、战胜困难，矢志励精图治、艰苦创业，使井冈山精神始终成为激励广大干部群众为全面建设小康社会、发展中国特色社会主义而不懈奋斗的强大精神力量。

——胡锦涛

八七会议

在共产国际的帮助下，1927 年 8 月 7 日，中共中央在汉口原俄租界三教街 41 号（现为鄱阳街 139 号）召开了中央紧急会议（因出席的中央委员不到半数，既不是中央全会，也不是中央政治局会议，故称为中央紧急会议），即"八七会议"。

八七会议在我党历史上是一个转折点。它给正处在思想混乱和组织涣散中的中国共产党指明了新的出路，为挽救党和革命作出了巨大贡献。这是由大革命失败到土地革命战争兴起的历史性转变。

1921 年中国共产党成立，从此中国革命的面貌焕然一新。1924 年，国共实现第一次合作，工农运动得到大发展，北伐战争节节胜利，沉重打击了帝国主义及其走狗北洋军阀的反动统治，锻炼了中国共产党和工人阶级，扩大了党在人民群众中的影响，为即将到来的土地革命准备了条件。但是，1927 年，轰轰烈烈的大革命失败了。叛变革命的国民党按照蒋介石"宁可枉杀一千，不可使一人漏网"的旨意，对共产党人和革命群众进行了疯狂的屠戮。

中国共产党深刻认识到一定要掌握枪杆子，有一支自己独立领导的革命军队的极端重要性和紧迫性。八一南昌起义打响了武装反抗国民党反动派的第一枪。根据中共八七会议的决定，1927 年 9 月 9 日，毛泽东以中共中央特派员的身份，率领以工农革命军为骨干的五千人发动了秋

秋收起义

收起义。由于敌强我弱，起义受挫。是继续强攻大城市长沙、以卵击石，还是转向敌人力量薄弱的地区，暂时保存自己，另谋远图，成了当时问题的焦点。毛泽东力排众议，从敌大我小的实际出发，说服部队向敌人力量弱小的偏僻的农村转移，取道萍乡，沿罗霄山，向南进攻。自文家市放弃打长沙的计划，到 9 月 29 日永新县三湾村改编，一

黄洋界

系列决策和行动表明，这支红军力量实际上已经开始踏上了一条中国式的民主革命的独特道路。10月27日，部队服从党组织的领导开到兰花坪茨坪，把革命红旗插上了罗霄山脉中段的井冈山。

在创建井冈山革命根据地的伟大斗争中，井冈山上汇聚了一大批中国革命的杰出领导人。他们当中有党和国家、军队的主要缔造者和领导人毛泽东、朱德、陈毅，他们当中还有数以千计为中国人民的解放事业献出了宝贵生命的革命烈士。正是这一批以毛泽东为代表的老一辈革命家，洞察国内外风云，探索中国革命的正确道路，为井冈山根据地制定了正确的路线、方针和政策，积累了丰富的斗争经验，从理论和实践上提出了"工农武装割据"的思想，回答了"中国的红色政权为什么能够存在"的问题，使根据地获得了长足的发展，引导中国革命在危难中一步步走向胜利。

井冈山根据地高山和丘陵占全境总面积的85%，红军的作战、行军、发动群众、建党建政、休养生息，无一离得开山区。连绵不尽的群山和崎岖蜿蜒的小道，率先向红军指战员发起了挑战。经济落后，生活艰苦，更锤炼着每一个共产党员和红军战士的信仰、胆略、气概和毅力。经过一年多的战斗、工作、生活，红军战士们战胜了无数艰难险阻，磨炼出了坚强的意志。"红米饭、南瓜汤、秋茄子，味好香，餐餐吃得精光"的歌谣，便是他们适应自然、征服自然、自强不息、不屈不挠精神的最充分体现。

第一个农村革命根据地的建立

1927年9月19日晚，秋收起义前委召开会议，讨论部队的去向问题。经过激烈的争论，会议通过了毛泽东关于部队放弃攻打城市，去农村开展游击战争的正确

井冈山革命根据地

井冈山红军营房

意见。第二天,毛泽东毅然率领秋收起义部队从文家市出发,开始向罗霄山脉中段的广大农村转移。当时有许多人想不通,认为山沟里面出不了马列,是右倾逃跑主义。说他率领部队举行秋收起义后不去攻打长沙,又把队伍拉上井冈山,是"在政治上犯了严重错误"。在曲折和逆境面前,毛泽东不灰心,不气馁,坚持从中国的国情出发,实事求是地分析国内外形势,下决心在井冈山建立了第一个农村革命根据地,在实践中开始摸索一条以农村包围城市,武装夺取政权的有中国特色的革命道路。

【三湾改编】1927 年 9 月 29 日,部队在永新的三湾村进行了改编,毛泽东向部队作了讲话:"这次秋收暴动打了几个败仗,这算不了什么,万事开头难,要革命嘛,就不要怕困难! 没有挫折和失败就不会有成功!"毛泽东的讲话扭转了部队中由于战斗失利和艰苦生活而产生的悲观失望情绪,极大地鼓舞了指战员的斗志。整编后的部队开始了向井冈山的伟大进军。

【井冈山会师】朱德、陈毅率领南昌起义余部八百余人转入粤赣湘边界地区后,不仅遭到反动武装的袭击,而且受到寒冷、饥饿、疾病的残酷折磨。有些人开小差跑了。部队濒临瓦解的关键时刻,朱德、陈毅召开军人大会,号召大家要禁得起失败的考验。朱德还以俄国革命走过的曲折道路做例子,告诫大家要看清革命前途。这支部队后来出赣南,进湘南,发动了著名的湘南起义,艰苦转战上了井冈山,与毛泽东率领的部队胜利会师。

彭德怀、滕代远率领红五军主力在向井冈山转移途中,前有堵截,后有追

11

兵,有时一天要打好几仗。每次激战中,彭德怀总是冲锋在前。他激励部队说:"革命不要怕吃苦,不要怕流血,不要怕牺牲,哪怕只剩下一个人,也要举着红旗干到底。"这支部队战胜千难万险,终于到达了井冈山,与毛泽东、朱德的部队胜利会师。

井冈山会师塑像

根据地建设

在井冈山,毛泽东身背斗笠,脚穿草鞋,走遍了整个罗霄山脉,对井冈山地区的政治、经济、军事等情况进行了详细而周密的社会调查,先后写出了《永新调查》、《宁冈调查》,使党组织和工农兵政府制定的方针政策能符合广大群众的利益,得到群众的支持和拥护。

【打土豪分田地】1928年3月、4月间,毛泽东率领工农革命军在酃县的中村和桂东的沙田,开展了插牌分田。随后,边界党和政府组织农民群众,进行土地分配,解决了农民的最大痛苦。这一运动,得到边界广大农民的衷心拥护和全力支持。

【"三大纪律 八项注意"】为了维护群众的利益,扫除旧军队的不良影响和习气,在井冈山斗争时期,毛泽东向部队颁布"六项注意"和"三大纪律"。"六项注意"是:一、上门板,二、捆铺草,三、说话和气,四、买卖公平,五、借东西要还,六、损坏东西要赔。"三大纪律"是:一、一切行动听指挥,二、打土豪要归公,三、不拿老百姓一个红薯。后来,"六项注意"中增加了"洗澡避女人"、"不搜俘虏腰包"两条,这就发展成为"三大纪律 八项注意"。这些纪律体现了人民军队的本质和它的建军宗旨,进一步密切了军队与人民群众之间的血肉联系。

歌曲"三大纪律 八项注意"在军队中传唱

"革命军人个个要牢记,三大纪律八项注意",这歌声伴随着我军数十年,传唱至今依然高亢嘹亮。

"好在苦惯了,从红军到伙夫,什么人都一样"。当时,在红军中流传着一首歌谣:"红米饭、南瓜汤,秋茄子,味好香,餐餐吃得精光。干稻草,软又黄,金丝被儿盖身上,

毛泽东茅坪旧居

八角楼

不怕北风和大雪，暖暖和和入梦乡。"这是当时红军革命乐观精神的真实写照。

【八角楼灯光——艰苦奋斗】在井冈山，毛泽东号召厉行节约，并宣布了一条关于使用油灯的规定。在毛泽东生活和工作的八角楼，按规定可点三根灯芯，但他一直用一根灯芯办公、看书、写文章，"八角楼的灯光"常常亮到深夜。在一根灯芯的昏暗灯光下，毛泽东写下了《中国的红色政权为什么能够存在》《井冈山的斗争》等光辉著作。

毛泽东用过的煤油灯

【朱德的扁担——自力更生】为了解决吃饭和储备粮食问题，红四军司令部发起下山挑粮运动。朱德也常随着队伍去挑粮，

朱德的扁担

一天往返50公里。朱德的扁担上面刻了"朱德记"3个大字。井冈山军民为了永远纪念朱德这种身先士卒、艰苦奋斗的精神，专门编了一首歌赞颂他："朱德挑谷上坳，粮食绝对可靠，大家齐心协力，粉碎敌人'围剿'。"

湘赣边界的人民有着光荣的革命传统。大革命时期，这里就建立了共产党的组织

13

和农民自卫军,开展了轰轰烈烈的国民革命运动和农民武装暴动。大革命失败后,边界军民没有屈服,多次举行暴动,坚持开展武装斗争。朱德、毛泽东率领的红军上山后,井冈山革命根据地生机勃发,尽扫阴霾,进一步增强了井冈山军民跟共产党走的坚定信念和信心。当时武装斗

反"围剿"战斗中的工农红军

争非常激烈残酷,却激发出广大军民万死不辞、一往无前的奋斗意志。从 1927 年 10 月到 1928 年 1 月,井冈山军民在一年的时间里,连续粉碎了江西敌人的 4 次"进剿",湘赣两省敌军的 3 次联合"会剿",经历了两次重大的挫折,大小战斗近百次,平均数天一次。在粉碎敌人进攻的同时,他们自力更生,艰苦奋斗,打破了敌人严密的经济封锁,渡过了一道又一道的难关,使井冈山的斗争得以坚持和发展。

当前,经受着来自国内外的严峻挑战,全党全国各族人民正在为保持我国经济平稳较快发展、推进全面建设小康社会进程而努力。困难面前,信心比黄金和货币更重要。我们一定要大力弘扬井冈山精神,化压力为动力,化挑战为机遇,迎难而上、奋发进取,努力把中国特色社会主义事业继续推向前进。要不断坚定百折不挠的革命信念,进一步弘扬敢闯新路的首创精神、艰苦奋斗的创业精神和勇于胜利的拼搏精神,发扬实事求是、密切联系群众的优良传统与作风,引导我们的事业从胜利走向新的胜利。

精神链接:

井冈山会师纪念馆
地址:江西井冈山市龙市镇龙江路
井冈山革命博物馆
地址:江西井冈山市龙市镇龙江路

电影《井冈山》(1993)
电视连续剧《井冈山》(2007)

毛泽东诗词《西江月》

PART 3
长征精神

　　把全国人民和中华民族的根本利益看得高于一切，坚定革命的理想和信念，坚信正义事业必然胜利的精神；为了救国救民，不怕任何艰难险阻，不惜付出一切牺牲的精神；坚持独立自主、实事求是，一切从实际出发的精神；顾全大局、严守纪律、紧密团结的精神；紧紧依靠人民群众，同人民群众生死相依、患难与共、艰苦奋斗的精神。

　　长征丰碑永存。

——江泽民

　　在新长征的征途上，我们一定要把长征精神作为加强社会主义精神文明建设的重要内容，作为在全体人民特别是青少年中进行理想信念和思想道德教育的重要内容，坚持不懈地发扬光大，把长征精神一代一代传下去。

——胡锦涛

20世纪30年代初,日本加紧侵略中国,国民党反动派置民族危亡于不顾,顽固推行"攘外必先安内"的政策,向革命根据地接连发动大规模"围剿",企图彻底消灭中国共产党和工农红军。

由于党内"左"倾教条主义的错误领导,中央革命根据地第五次反"围剿"失败。在党和红军面临生死存亡考验的紧急关头,党领导红军进行战略转移。从1934年10月至1936年10月,红军第一、第二、第四方面军和第二十五军先后开始了艰苦卓绝的长征。

> 从1934年10月至1936年10月,红军长征出发人数20.6万人,沿途补充了1.7万人,长征结束时还有5.7万人。
>
> 红军第一、第二、第四方面军和第二十五军等各路红军长征总里程达6500余里。
>
> 红军进行师级以上规模战役120多次。

遵义会议会址

遵义会议

1935年1月15日至17日,中共中央政治局扩大会议在遵义召开。这次会议是在红军第五次反"围剿"失败和长征初期严重受挫的情况下,为了纠正王明"左"倾领导在军事指挥上的错误,挽救红军和中国革命的危机而召开的。是中共中央政治局召开的独立自主地解决中国革命问题的一次极其重要的扩大会议。从此,红军长征从被动到主动、踏上胜利道路,其转折点是遵义会议。遵义会议确立了毛泽东同志在红军和党中央的领导地位,并确立了以毛泽东同志为代表的党中央的正确路线,使红军和党中央得以在极其危急的情况下保存下来。

长征故事

【四渡赤水】1935年1月至2月,中央红军从遵义地区出发北上,遭蒋介石重兵围堵,红军四渡赤水。

16

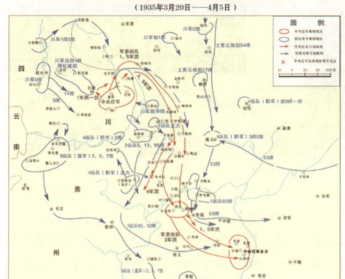

中央红军四渡赤水河、南渡乌江要图
（1935年3月20日——4月5日）

中央红军四渡赤水后，南渡乌江，佯攻贵阳。当多路敌军纷纷向昆明急进时，中央红军出其不意向金沙江南岸前进。1935年5月3日深夜，在刘伯承领导下，在各族群众特别是船工的热情支持下，红军偷渡成功。经过七天七夜，红军3万人马全部渡过了金沙江。至此，中央红军跳出了敌人的包围圈，取得了战略转移中具有决定性意义的胜利。

【歃血结盟】1935年5月21日，红军攻占四川冕宁县城，县城北面是大凉山彝族聚居区。为了顺利通过彝族区，红军总参谋长兼中央红军先遣队司令员刘伯承同沽基族首领小叶丹歃血盟誓，结为兄弟，并赠送枪支弹药。红军所到之处，纪律严明，秋毫无犯，受到了彝族群众的拥护和爱戴，在广大彝族同胞的帮助下，红军顺利通过了彝族区。"彝族结盟"成为红军长征途中民族团结的佳话。

【强渡大渡河】中央红军渡过金沙江、通过彝族区后，日夜兼程向大渡河挺进。大渡河是岷江最大的支流，河岸陡峭，险滩密布，水流湍急，素有天险之称。蒋介石在大渡河北岸布重兵设防。1935年5月25日，17勇士在安顺场渡口乘坐小木船，冒着敌人密集的火力，强渡大渡河，在大渡河防线上打开了一个缺口。

彝族结盟雕塑

飞夺泸定桥雕塑　　　　　　　　　　　　　　　　　　　　　　　今日泸定桥

　　为了使红军主力迅速渡过大渡河，摆脱追击之敌，红军分左、右两路纵队夹河急进，火速抢占泸定桥，由22名共产党员和积极分子组成的突击队，踏着拆去桥板的铁索链，向对岸冲去，攻进了泸定城。至1935年6月2日，毛泽东、周恩来、朱德等中央领导人率中央红军全部渡过大渡河。蒋介石妄图使中央红军成为"石达开第二"的梦想彻底破灭。飞夺泸定桥，为中央红军长征打开了北上的道路。

　　【爬雪山】中央红军渡过大渡河后，一举突破敌人防线，来到夹金山脚下。从1935年6月开始，中央红军连续翻越了五座大雪山，山上云雾缭绕，白雪皑皑，积雪终年不化，空气稀薄，道路崎岖，没有人烟，气候变幻无常，有"神山"之称。1935年6月12日拂晓，红军指战员艰难地向前迈进，以坚忍不拔的顽强毅力，同心同德，团结互助，战胜风雪严寒和高山缺氧，成功地翻过了长征路上的第一座雪山。毛泽东在《七律·长征》中描述了红军翻过

红军爬雪山过草地

雪山后的喜悦心情:"更喜岷山千里雪,三军过后尽开颜。"

【过草地】1935 年 6 月中旬,中央红军与红四方面军在四川懋功会师。中共中央决定北上,红军踏上了征服大草地的征程。位于川西北地区的松潘草地,海拔3500 米以上,环境险恶。红军克服了长途跋涉、人困马乏、物资欠缺等困难,以钢铁般的意志,经过六七天的艰苦行程,终于走出了茫茫草地。

1935 年 9 月 13 日,红军迅速越过岷山,向甘南腊子口前进,腊子口是四川通往甘肃的重要隘口,素有"天险"之称,易守难攻。9 月 16 日夜至 17 日,红军通过翻山迂回和正面强攻相结合,勇猛出击,出奇制胜,一举攻占腊子口,打开了红军北上的通道。

《七律·长征》

【胜利会师】1936 年 10 月 9 日至 22 日,红一方面军、红二方面军、红四方面军三支主力红军部队大会师,标志着红军长征的胜利结束。

在长征途中,党领导红军跨越滔滔急流,征服皑皑雪山,穿越茫茫草地,突破层层封锁,粉碎了上百万敌军的围追堵截,克服了以王明为代表的"左"倾教条主义和张国焘的分裂主义等错误,纵横十余省,最远的行程二万五千里,胜利前进到陕甘宁地区,实现了红军主力的大会师。

红军长征以我们的胜利、敌人的失败宣告结束,充分展示了中国共产党人领导革命

红军长征路线地图

长征胜利会师后领袖的合影

胜利会师后的毛泽东与朱德

战争的卓越能力,充分体现了红军将士为民族独立和人民解放勇于牺牲、争取胜利的大无畏气概,充分证明了人民革命战争的正义力量是不可战胜的。

七十多年前,毛泽东曾经说过:"讲到长征,请问有什么意义呢?我们说,长征是纪录上的第一次,长征是宣言书,长征是宣传队,长征是播种机。"

红军长征不仅创造了可歌可泣的战争史诗,而且谱写了豪情万丈的精神史诗,铸就了伟大的长征精神。

长征精神,是中国共产党人和人民军队革命风范的生动反映,是中华民族自强不息的民族品格的集中展示,是以爱国主义为核心的民族精神的最高体现。长征精神为中国

长征胜利纪念馆

革命不断从胜利走向胜利提供了强大精神动力。

　　自红军长征胜利以来,我们党团结带领全国各族人民在革命、建设、改革的各个历史时期进行了一次又一次波澜壮阔的伟大长征,夺取了一个又一个举世瞩目的伟大胜利。今天,我们进行改革开放和社会主义现代化建设,全面建设小康社会,积极构建社会主义和谐社会,开创中国特色社会主义事业新局面,为把我国建设成为富强民主文明和谐的社会主义现代化国家、为实现中华民族的伟大复兴而奋斗,就是我们党团结带领全国各族人民进行的新的伟大长征。在新长征的征途上,我们一定要继承和发扬长征精神。

　　胡锦涛总书记在纪念红军长征 70 周年大会上明确指出:"在新长征的征途上,我们一定要把长征精神作为加强社会主义精神文明建设的重要内容,作为在全体人民特别是青少年中进行理想信念和思想道德教育的重要内容,坚持不懈地发扬光大,把长征精神一代一代传下去。"

精神链接:

红军长征纪念碑碑园
地址:四川省松潘县川主寺镇元宝山
红军长征纪念馆
网址:http://changzheng.china1840-1949.net.cn

24 集电视剧《长征》(2001)
《长征组歌——红军不怕远征难》(1965)

PART 4
延安精神

　　坚持正确的政治方向;解放思想、实事求是的思想路线;全心全意为人民服务;自力更生、艰苦奋斗的创业精神。

　　自己动手,丰衣足食。

———毛泽东

　　革命战争年代需要大力弘扬延安精神,和平建设时期也需要大力弘扬延安精神。

———胡锦涛

宝塔山

长征到达陕北后的毛泽东、朱德、周恩来

20世纪30年代的中国，是在劫难与战火中开始的。此时的中国,正面临着空前严重的民族危机。

1935年10月,中央红军长征到达陕北。1937年1月13日,中共中央进驻延安。从那时起,延安,陕北这座"大城市"就成了千千万万中国人心目中的革命圣地。

延安吸引了全国各地的进步青年,中华儿女怀抱为国为民的理想,从四面八方聚集到延安。

全国各地的革命青年奔赴延安

1948年3月23日,中共中央从陕北吴堡东渡黄河,离开陕北。至此,我们党的延安时代历经13年。在这期间,中国共产党主张以国共合作为基础,团结各族人民建立抗日民族统一战线,并建立了陕甘宁、晋察冀等敌后抗日根据地。毛泽东眺望莽莽黄土高原,深情地说:"陕北是个好地方。"党的延安时代也给我们留下了金子般宝贵的精神财富。

毛泽东说:"主义譬如一面旗子,旗子立起来了,大家才有所指望,才知所趋赴。"《毛泽东选集》四卷共有158篇文章,毛泽东在延安时写了112篇。随着毛泽东思想的

日渐成熟，我们党实现了马列主义基本原理同中国革命具体实际相结合过程中第一次历史性飞跃，确立了毛泽东思想为党的指导思想。毛泽东思想的确立，证明了"山沟里没有马列主义"的论调是错误的，证明了延安窑洞是马列主义的窑洞。

七大召开

1945年4月23日，春日中的杨家岭暖意融融，具有深远历史意义的党的七大在

杨家岭

这里召开。大会开了五十天，成为我们党历次代表大会会期最长的一次。大会郑重地把毛泽东思想写入党章，写到党的旗帜上。党的七大使全党在马克思列宁主义、毛泽东思想的旗帜下实现了思想上、政治上和组织上的空前团结和统一，它在总结了中国民主革命二十多年曲折发展的历史经验的基础上，制定了正确的纲领和策略，为争取抗日战争的胜利和新民主主义革命和全国的胜利提供了可靠保证。

1943年12月，延安中央大礼堂落成，毛泽东为它题写了四个遒劲有力的大字："实事求是。"今天，在北京的我们党的最高学府——中央党校的校园里，一块浑然天成的巨石上依然刻写着这四个字。在我们党的历史上，这是寓意深邃的四个大字。

1944年夏，在安塞县的石峡峪普通一兵张思德用一个月的时间，与战士烧出了五万多斤木炭。9月5日，由于新挖的烧炭窑土质松软，经雨水浸透，突然发生塌方，张思德献出了29岁的生命。毛泽东发表了影响深远的著名演讲《为人民服务》。

実事求是

毛泽东题词

张思德塑像

张思德（1915—1944），四川仪陇县人，1933年参加红军，1935年参加红四方面军长征，并随部队长征到达延安，1937年加入中国共产党。1944年，张思德奉命到安塞县石峡峪任烧炭班班长，9月5日，因炭窑崩塌而牺牲。

土地改革

"一切空话都是无用的,必须给人民以看得见的物质利益。"共产党人说到做到。在延安,在陕甘宁边区,我们党大力推行精兵简政、减租减息、民主选举。历史留下了一个富有启示性的数字:当年有 25000 名农民从土地比较富饶的国统区迁到了贫困的边区。人心所向可见一斑。

一九四二年,毛主席在延安给干部作报告

自己动手　丰衣足食

在延安艰苦的日子里,国民党反动派对陕甘宁边区实行了严密的经济封锁。面对空前的困难,延安依然到处洋溢着革命乐观主义的奋斗激情。毛泽东挥毫写下"自己动手,丰衣足食"八个大字,发起了中外闻名的大生产运动。在延安,革命领袖们和普通战士一样,耕田、纺纱。1941 年初春,英雄的八路军三五九旅开进南泥湾,一手拿枪杆,一手拿锄头,把南泥湾变成"陕北的好江南"。

延安精神在当代

上个世纪 80 年代后期,天津第一批老延安、老八路、老干部,在"人民呼唤延安精神,时代需要延安精神"的感召下,成立了天津延安精神研究会。研究会的发起人之一是延安时期毛泽东的警卫员、张思德的战友朱旭明老人。作为历史见证人,朱旭明老人专门收集张思德生平事迹,不顾年迈体弱,坚持到青少年中去宣讲张思德事迹和《为人民服务》的光辉思想,用延安精神滋润着一代又一代青少年。

陕甘宁边区进行大生产

2006 年 1 月 29 日,胡锦涛总书记来到延安。他说:"革命战争年代需要大力弘扬延安精神,和平建设时期也需要大力弘扬延安精神。在全面建设小康社会的伟大进程中,我们要把延安精神作为凝聚人心、团结奋进的强大动力,作为战胜困难、夺取胜利的重要法宝,让延安精神放射出时代光芒。今天我们弘扬延安精神,就要坚定正确的

胡锦涛总书记与延安老区人民欢度除夕

理想信念,自觉学习和忠实贯彻党的基本理论、基本路线、基本纲领、基本经验,坚定不移地为全面建设小康社会、为推进中国特色社会主义伟大事业而奋斗;就要坚持立党为公、执政为民,做到权为民所用、情为民所系、利为民所谋,始终不渝地为最广大人民谋利益;就要坚持解放思想、实事求是、与时俱进,大兴求真务实之风,既敢于探索、勇于创新,又脚踏实地、埋头苦干,扎扎实实做好改革发展稳定的各项工作;就要坚持谦虚谨慎、艰苦奋斗,增强忧患意识,注意防微杜渐,厉行勤俭节约,激励广大干部群众在前进道路上永不自满、永不懈怠。"

2008 年 10 月 29 日至 31 日,胡总书记深入安塞调研指导。

2009 年 4 月 15 日,胡总书记又来到安塞,与沿河镇侯沟门村村民亲切交谈。他在对安塞的学习实践活动的批示中指出:"弘扬延安精神,推动科学发展,建设美好安塞,更是长期的任务。希望安塞县广大党员、干部坚持以邓小平理论和'三个代表'重要思想为指导,深入贯彻落实科学发展观,进一步解放思想、改革创新、求真务实、艰苦创业,努力把安塞建设得更美好。"

精神链接:

延安革命纪念馆
地址:陕西省延安市王家坪
延安新闻纪念馆
地址:陕西省延安市精神城区清凉山南麓

小说《保卫延安》,杜鹏程著(1954)

电影《张思德》(2004)
28 集电视剧《保卫延安》(2009)
40 集电视剧《延安颂》(2003)
5 集电视理论片《延安时代》(2003)

PART 5
抗战精神

　　坚持国家和民族利益至上、宁死不当亡国奴的民族自尊品格；万众一心、共赴国难的民族团结意识，不畏强暴、敢于与敌人血战到底的民族英雄气概；百折不挠、勇于依靠自己的力量战胜侵略者的民族自强信念；开拓创新、善于在危难中开辟发展新路的民族创新精神；坚持正义、自觉为人类和平进步事业贡献力量的民族奉献精神。

　　中日战争不是任何别的战争，乃是半殖民地半封建的中国和帝国主义的日本之间在二十世纪三十年代进行的一个决死的战争。全部问题的根据就在这里。

　　优势而无准备，不是真正的优势，也没有主动。懂得这一点，劣势而有准备之军，常可对敌举行不意的攻势，把优势者打败。

——毛泽东

　　中国人民抗日战争，是近代以来中国反抗外敌入侵第一次取得完全胜利的民族解放战争。中国人民抗日战争和世界反法西斯战争的胜利，是20世纪人类历史上的重大事件，对于中华民族发展和世界文明进步都具有重大而深远的意义。

——胡锦涛

从 19 世纪后半叶起，日本逐渐走上军国主义道路，发动了一连串的侵华战争：1874 年，进犯台湾；1894 年，挑起甲午战争，侵占台湾；1904 年，发动日俄战争，侵犯中国东北领土和主权；1935 年，制造华北事变，鲸吞中国的野心日益膨胀。

在八年抗日战争时期，中国共产党正规军事力量损失了 584267 人。其中包括八路军、新四军、华南游击队的损失，具体损失构成如下：牺牲 160603 人、失踪 87208 人、被俘 45989 人、负伤 290467 人。

中国国民政府领导下的国民革命军与日军共有 22 次大型会战、1117 次大型战斗、小型战斗 28931 次。国民革命军总损失 400 多万人。歼灭日军 483708 人，而伤者更达 1934820 人。

九一八事变纪念碑

九一八事变

九一八事变指 1931 年 9 月 18 日傍晚，日本关东军在中国东北炸毁沈阳柳条屯一段铁路，反诬中国军队破坏，以此为借口，炮轰中国东北军北大营，这是由日本蓄意制造并企图以此来侵略中国的一次军事冲突和政治事件，史称"九一八事变"。

九一八事变爆发后，日本走上全面侵华的道路，不到半年时间，东北三省全部被日本关东军占领。直至今日，9 月 18 日在中国被称为"国耻日"。

日寇铁蹄踏上卢沟桥

卢沟桥事变

1937 年 7 月 7 日，日本侵略军在国民革命军驻地附近进行"军事演习"。入夜后声称一个兵士失踪，要求进入北平西南的宛平县城（今卢沟桥镇）搜查。国民革命军拒绝了这一要求。此后，虽然该名士兵毫无伤害地返回，但日军依然于晚上八时开枪开炮猛轰卢沟桥，向城内的中国守军进攻。日军相继

占领北平、天津。中国抗日战争正式爆发。这就是卢沟桥事变,也称七七事变。七七事变后,日本动员几乎全部军事力量,开始全面侵华。在中国共产党倡导建立的抗日民族统一战线的旗帜下,以国共合作为基础,中国人民同凶恶的日本侵略者进行了气壮山河的斗争。在波澜壮阔的全民抗战中,全体中华儿女万众一心、众志成城,各党派、各民族、各阶级、各阶层、各团体同仇敌忾,共赴国难。长城内外,大江南北,到处燃起抗日的烽火。

日军在南京大规模屠杀中国平民

万人坑

南京大屠杀死亡人数

南京大屠杀

1937 年 12 月 13 日,日军进占南京城,在华中方面军司令官松井石根和第 6 师团师团长谷寿夫等法西斯分子的指挥下,对我手无寸铁的同胞进行了长达 6 周惨绝人寰的大规模屠杀。日军将中国平民和士兵先用机枪射死,抛尸江中,或浇以煤油,纵火焚烧,令人发指的是日军进行杀人比赛,强奸、枪杀妇女。与此同时,日军遇屋即烧,从中华门到内桥,从太平路到新街口以及夫子庙一带繁华区域,大火连天,几天不息。全市约有三分之一的建筑物和财产化为灰烬。无数住宅、商店、机关、仓库被抢劫一空。"劫后的南京,满目荒凉"。

日军在南京进行了长达 6 个星期的大屠杀,枪杀和活埋中国军民达三十多万人。

南京大屠杀惨绝人寰!

重庆大轰炸

重庆大轰炸指中国抗日战争期间,由 1938 年 2 月 18 日起至 1943 年 8 月 23 日,日本对战时中国陪都重庆进行了长

重庆大轰炸

达 5 年半的战略轰炸。据不完全统计,此段期间日本对重庆实施轰炸超过 200 次,出动 9000 多架次的飞机,投弹 11500 枚以上。重庆

死于轰炸者 10000 人以上，超过 10000 幢房屋被毁，市区大部分繁华地区被破坏。

平型关大捷

1937 年 9 月上旬，八路军 115 师开赴山西省东北部的平型关附近。平型关是晋东北的一个咽喉要道，两侧陡峭险峻，是伏击歼敌的理想地。25 日拂晓，日军第 5 师团第

平型关战役遗址

21 旅后续部队乘汽车 100 余辆，附辎重马车 200 余辆，沿灵丘—平型关公路由东向西开进。7 时许，该部全部进入第 115 师预伏阵地。第 115 师抓住战机，立即命令全线开火，并乘敌陷于混乱之际，适时发起冲击。115 师一部分歼敌先头，阻其沿公路南窜之路；一部分包围日军后尾部队，断其退路；经过激烈战斗，全歼被围日军，大获全胜。

此战取得重大战果。八路军 115 师共击毙日军 1000 余人，击毁汽车 100 余辆，马车200 余辆，缴获步枪 1000 余支，机枪 20 余挺，火炮一门，以及大批军用物资，取得了全国抗战开始以来中国军队的第一个大胜利。

平型关大捷在日军长驱直入、国民党军队节节后退的形势下，有力打击了日军的疯狂气焰，打破了日军不可战胜的神话，极大地振奋了全国的民心、士气。

彭德怀指挥百团大战

百团大战

1940 年 8 月 20 日—12 月 5 日，为了粉碎日本侵略军的"囚笼政策"，八路军出动 105 个团约 40 万兵力，在华北战场的主要交通线上，向日军发动了大规模的破袭战。

中国共产党领导敌后战场，广泛发动群众，开展游击战争，八路军、新四军、华南游击队和其他人民抗日武装力量奋勇作战。开展伏击战、破袭战、地雷战、地道战、麻雀战……创造了人民战争史的奇观，使猖獗一时的日本侵略者陷入了人民

战争的汪洋大海。平型关大捷打破了"日军不可战胜"的神话,百团大战振奋了全国军民争取抗战胜利的信心。敌后战场钳制和歼灭日军大量兵力,歼灭大部分伪军,逐渐成为中国人民抗日战争的主战场。

台儿庄战役

1938 年 3 月 16 日,日军第十师团组编濑谷支队(旅团)作为先头部队,向台儿庄以北滕县发动进攻,揭开了台儿庄战役的序幕。29 日,李宗仁令第 2 集团军死守台儿庄阵地,并严令汤恩伯部南下,协助第 2 集团军解决台儿庄之敌。30 日,日军濑谷旅团长亲率支队后续力量增援台儿庄,全力与中国守军展开激战。在日军的优势火力下,中国军队不避牺牲,浴血猛攻。31 日,中国军队将进入台儿庄之敌完全包围,经数日激战,予敌重创,使其救援计划落空。4 月 3 日,中国军队终于冲入台儿庄,与敌展开街垒战。日军拼力争夺,占

李宗仁在台儿庄车站留影

领了市街大部。中国军队一次又一次反击,展开街垒战,夺回被日军占领的市街。双方陷入苦战。6 日晚,中国军队全线攻击濑谷支队。战至 7 日凌晨,除一小部日军突围至峄县附近固守待援外,余敌全部被歼。台儿庄大捷是抗战爆发后中国正面战场取得的首次重大胜利。在历时半个多月的激战中,中国军队付出了巨大牺牲,参战部队 4.6 万人,伤亡失踪 7500 人。但也取得了重大战果,歼灭日军一万余人。台儿庄战役沉重打击了日本侵略者的气焰,极大地鼓舞了全国军民坚持抗战的必胜信心,为抗日战争作出了巨大贡献。

中国国民党领导的抗日军队,担任着正面战场的作战任务。以国民党军队为主体的正面战场,统领了一系列大仗,特别是全国抗战初期的台儿庄、淞沪、浙江、徐州、武汉等战役,给日军以沉重打击。

抗日英雄谱

杨靖宇、赵尚志、左权、彭雪枫、佟麟阁、赵登禹、张自忠、戴安澜、刘家麒、郝梦龄、吴克仁、夏国璋、吴国璋等一批抗日将领,八路军"狼牙山五壮士"、新四军"刘老庄

杨靖宇　　　　赵尚志　　　　赵登禹　　　　左权

彭雪枫　　　　张自忠

连"、东北抗联八位女战士、国民党军"八百壮士"等众多英雄群体,是中国人民不畏强暴、英勇抗战的杰出代表。

广大港澳同胞、台湾同胞、海外侨胞和海外华人,与祖国同呼吸共命运,以各种方式参加和支援祖国人民抗战,不少同胞为国捐躯。

我们不会忘记给予中国抗日战争道义和物质等方面帮助的国家和国际友人、外国记者,及为中国抗战付出过心血的其他各界人士;我们更不会忘记在中国东北战场上英勇献身的苏军烈士!

1945年9月2日,日本侵略者在美国军舰密苏里号上正式签署投降书。9月9日,侵华日军总司令冈村宁次在南京向中国国民政府呈交投降书。抗日战争正式结束。9月3日,成为中国抗日战争胜利的纪念日。

经过艰苦卓绝的长期抗战,中国人民从战略防御到战略相持,进而发展到战略反攻,终于在世界反法西斯战争走向胜利的进程中彻底打败了日本侵略者。

中国人民抗日战争以中国人民的彻底胜利载入史册,同时,世界反法西斯战争以世界各国人民的彻底胜利载入史册!

抗日战争烽火的洗礼,促进了中华民族的觉醒,使中国人民在精神上、思想上的进

中国人民抗日战争纪念馆

精神链接：

中国人民抗日战争纪念馆
地址：北京市丰台区卢沟桥宛平城内街 101 号
八路军太行纪念馆
地址：山西省长治市武乡县太行街
"九一八"事变博物馆
地址：辽宁省沈阳市大东区望花南街
侵华日军南京大屠杀遇难同胞纪念馆
地址：南京市水西门大街 418 号

电影《地雷战》、《地道战》、《狼牙山五壮士》、《小兵张嘎》、《铁道游击队》、《平原游击队》、《鸡毛信》、《敌后武工队》、《七七事变》、《东京审判》、《南京！南京！》

步达到了前所未有的高度。中国人民深刻体会到，落后就要挨打。中国要实现民族振兴和人民幸福，必须首先实现民族独立和人民解放，必须建立人民当家作主的人民民主政权，真正掌握自己的命运，而中国共产党正是领导中国人民争取民族独立、人民解放、国家富强的坚强核心。中国共产党是全民族抗战中的中流砥柱，是杰出的组织者和鼓舞者，是坚持抗战的中坚力量。

我们党以自己最富于牺牲精神的爱国主义、不怕流血牺牲的模范行动，支撑起全民族救亡图存的希望，成为夺取抗战胜利的民族先锋。

中国的革命是伟大的,但革命以后的路程更长,工作更伟大,更艰苦。这一点现在就必须向党内讲明白,务必使同志们继续地保持谦虚、谨慎、不骄、不躁的作风,务必使同志们继续地保持艰苦奋斗的作风。

牢记"两个务必",建设有中国特色的社会主义。

——江泽民

"我们一定要牢记毛泽东同志倡导的'两个务必',首先要从自身做起,从每一位领导干部做起!"

——胡锦涛

　　1948年5月27日，毛泽东等人率中共中央机关从陕北米脂县杨家沟来到河北省平山县滹沱河的一个小村庄——西柏坡，到1949年3月23日离开，毛泽东和党中央在这里共度过了10个月的光阴。就在这10个月的时间里，在这个"解放全中国的最后一个农村指挥所"，毛泽东和党中央指挥了辽沈、平津、淮海三大战役，精心筹划建立新中国的蓝图。

　　1949年3月5—13日，中共中央在西柏坡召开了党的七届二中全会。在这次会议上，实现共产党从革命转向建设的战略转折。

　　在党的七届二中全会上，毛泽东高瞻远瞩地向全党敲响警钟，作出了必须做到"两个务必"的著名论述："中国的革命是伟大的，但革命以后的路程更长，工作更伟大，更艰苦。这一点现在就必须向党内讲明白，务必使同志们继续地保持谦虚、谨慎、不骄、不躁的作风，务必使同志们继续地保持艰苦奋斗的作风。"

　　党中央在西柏坡的时间虽然不长，却造就出了对我们党经受新考验、取得新业绩有着深远意义的西柏坡精神，这一精神包括永不停步、将革命进行到底的精神，团结高效、加强党的集中统一的精神，"两个务必"是它的核心内涵。

　　七届二中全会后的第十天，毛泽东和党中央开赴北平，开始了在新的历史条件下践行"两个务必"的伟大征程。

践行两个"务必"

　　党的七届二中全会根据毛泽东的提议，提出了防止资

七届二中全会上的毛泽东

七届二中全会上的周恩来

七届二中全会上的朱德

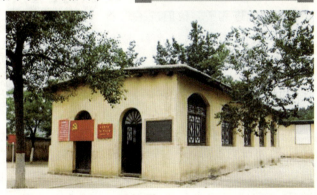

七届二中全会会址

七届二中全会会场

产阶级腐蚀、反对突出个人的六条措施：不给党的领导祝寿，不送礼，少敬酒，少拍掌，不用党的领导者的名字作地名、街名和企业的名字，不要把中国同志和马、恩、列、斯并列。

在周恩来住的院子里，有一棵梨树。秋天了，满树的梨子压弯了树枝，有时刮风掉下一两个梨，周恩来都让警卫员拾起来，送给房东。

在西柏坡，党中央指挥了解放战争中规模空前的三大战役。辽沈、淮海、平津三大战役，历时四个月十九天，共歼灭国民党正规军 144 个军(旅)，非正规军 29 个师，共 155 万人，国民党赖以发动内战的精锐部队基本被消灭，长江中下游、川北的广大地区得到解放。三大战役胜利结束后，国内局势根本改观，国民党反动统治的基础已从根本上瓦解，全国解放战争的胜利指日可待。

进军北平

1949 年 3 月 23 日上午，毛泽东、朱德、刘少奇、周恩来、任弼时中共中央五位书记，率领中共中央机关和人民解放军总部，乘坐 11 辆吉普车和 10 辆美制大卡车，浩浩荡荡离开西柏坡前往北平。

在进行出发的准备工作时，毛泽东对周围的人说：我们进北平，可不是李自成进北平，他们进了北平就变了。我们共产党人进北平，是要继续革命，建设社会主义，直到实现共产主义。

中共中央五位书记

临行前夜，毛泽东睡了四五个小时，他对周恩来说："今天是进京的日子，不睡觉也高兴啊。今天是进京'赶考'嘛，进京'赶考'去，精神不好怎么行呀？"周恩来接过话题说："我们应当都能考试及格，不要退回来。"毛泽东说："退回来就失败了。我们决不当李自成，我们都希望考个好成绩！"

毛泽东在北平香山住所

党中央从西柏坡进京,驻在香山办公。中央机要部门在香山盖房子时,一位领导干部找了一处幽静的山坡,顺便为自己盖了一座两层小楼。毛泽东知道了,对那位领导严厉批评:你想当那个刘宗敏,我可不肯当李自成呐!我们共产党是为人民服务的,不是来这里享受的,更不允许搞贪污腐化。结果,那个干部受到了严肃的处分。

"可能有这样一些共产党人,他们是不曾被拿枪的敌人征服过,他们在这些敌人面前不愧英雄的称号;但是经不起人们用糖衣裹着的炮弹的攻击,他们在糖弹面前要打败仗。"新中国成立后,个别人的行为完全验证了毛泽东在西柏坡作出的警示和预言。

开国反腐第一刀

新中国成立伊始,原天津地委书记刘青山、原天津地区行署专员张子善犯特大贪污罪,毛泽东亲笔批示:"着重打击大贪污犯","才能停止许多党员被资产阶级所腐蚀

1952年公决贪污犯刘青山、张子善

的极大危险现象,才能克服二中全会所早已预料到的这种情况,并实现二中全会防止腐蚀的方针。"毛泽东说:正因为他们两人地位高、功劳大、影响大,所以才下决心处决他们,只有处决他们,才可能挽救20个、200个、2000个、20000个犯有多种不同程度错误的干部。

枪决刘青山、张子善,被称之为党的"开国反腐第一刀"。

以邓小平为核心的第二代中央领导集体继续倡导"两个务必"的光荣传统,推动了社会主义现代化建设。邓小平在十一届三中全会上说:"艰苦奋斗是我们的传统,艰

苦朴素的教育今后要抓紧,一直要抓六十至七十年。我们的国家越发展,越要抓艰苦创业。提倡抓艰苦创业精神,也有利于克服腐败现象。"

　　1991年9月21日上午,时任中共中央总书记的江泽民乘一辆没有警车开路、也没有警卫跟随的面包车,来到西柏坡。他指出:"我们要永远铭记老一辈革命家创下的丰功伟绩,继续艰苦奋斗,把社会主义的祖国建设得更加强大、更加美好。"他挥毫题词:"牢记'两个务必',建设有中国特色的社会主义。"

1991年9月21日江泽民同志视察西柏坡　　　　　　　胡锦涛总书记考察西柏坡

　　2002年12月6日,在党的十六大上刚刚当选为总书记的胡锦涛同志,第一次外出考察就率中央书记处的成员冒雪来到西柏坡。在七届二中全会会场,胡锦涛号召全党同志特别是领导干部必须大力发扬艰苦奋斗的作风。他说:"我们一定要牢记毛泽东同志倡导的'两个务必',首先要从自身做起,从每一位领导干部做起!"他在西柏坡纪念馆宾馆两天的餐费共30元人民币,全部由他自己支付。他提出的"八个坚持、八个反对",即"坚持解放思想、实事求是,反对因循守旧、不思进取;坚持理论联系实际,反对照搬照抄、本本主义;坚持密切联系群众,反对形式主义、官僚主义;坚持民主集中制,反对独断专行、软弱涣散;坚持党的纪律,反对自由主义;坚持艰苦奋斗,反对享乐主义;坚持清正廉洁,反对以权谋私;坚持任人唯贤,反对用人上的不正之风"。就是对西柏坡精神的继承和发展。

精神链接:

西柏坡纪念馆
地址:河北省平山县西柏坡
网址:http://www.xibaipo.gov.cn

电影《走出西柏坡》(2001)
《建国大业》(2009)
《开国大典》(1989)
50集电视剧《解放》(2009)

PART 7
红岩精神

爱国　奋斗　团结　奉献

　　广大干部特别是领导干部,要大力发扬党的优良传统和作风,始终保持昂扬向上的精神状态;……要脚踏实地,真抓实干,深入基层,狠抓落实,关心群众的安危冷暖,真正把精力用在勤勤恳恳为人民服务上;要继承和发扬伟大的红岩精神,牢固树立正确的权力观、地位观、利益观,自觉抵制拜金主义、享乐主义、极端个人主义,真正做到一身正气、一尘不染,以共产党人的高风亮节和人格力量影响和带动群众。

——胡锦涛

中共南方局遗址

1939 年 1 月,南方局在重庆正式建立,由周恩来任书记,周恩来、博古、凯丰、吴克坚、叶剑英、董必武为常委。南方局是抗日战争时期和解放战争初期党中央设在重庆的秘密领导机关,负责南方国民党统治区和部分沦陷区党的工作。在党中央领导下,南方局坚定地贯彻执行党的路线方针政策和重大决策部署,维护国共合作抗战大局,巩固和发展抗日民族统一战线,创造性地开展以统战工作为中心的各方面工作,为实现民族独立和人民解放,为新中国的建立作出了重要贡献。

南方局自成立到 1946 年 5 月东迁,实际存在约八年的时间。在风雨如磐的艰苦岁月里,南方局以重庆红岩村为依托,带领国民党统治区广大党员和革命志士,把共产主义的世界观、人生观、价值观与中华民族的传统美德和民族气节结合起来,培育形成了红岩精神。红岩精神是以周恩来为首的中共中央南方局在重庆工作期间,组成广泛的抗日民族统一战线,为了抵御外敌的入侵,坚持抗战、反对投降,坚持团结、反对分裂,坚持进步、反对倒退,最后打败日本侵略者而培育出的以救亡图存的爱国精神、不畏艰险的奋斗精神、和衷共济的团结精神、勇于牺牲的奉献精神为主要内容的"爱国、奋斗、团结、奉献"精神。红岩精神凝聚着共产党人的"崇高思想境界、坚定理想信念、巨大人格力量和浩然革命正气",是中国共产党和中华民族的宝贵精神财富。

周恩来、邓颖超与张冲合影

扩大阵线 化敌为友

1941年2月14日,国民党顽固派蓄意挑衅,一个宪兵队无理没收了一板车《新华日报》。周恩来怒不可遏,亲自跑去交涉,宪兵队拒绝发还。周恩来打电话给张冲,张冲立即赶来,帮助交涉,终于取回了报纸。此时天色已晚,风雨交加,春寒料峭。张冲陪同周恩来步行回曾家岩"周公馆"。两个朋友,也是两个对手,漫步街头,一路谈心,都希望能渡过难关,把国共合作抗日进行下去。就在这一年6月,张冲病逝。周恩来为失去这样一位不同阵营的朋友而愤惜。他亲去祭奠,撰写悼念文章,给予张冲高度评价,说张冲是"碧血丹心,精忠报国"。想起那漫步重庆街头的风雨之夜,周恩来送的挽联写道:"安危谁与共,风雨忆同舟。"

肖林夫妇

两袖清风的"红色资本家"

1941年3月,地下党员肖林受川东地下党指示来到红岩村。周恩来告诉他:党的活动,无论是公开的还是秘密的,都要有一定的经费开支。经费来源不能光依赖拨款和支援,而是要根据国民党统治区的条件开展我们所需要的经济活动。肖林夫妇自1941年为党"下海"经商起,就切断了与地方党组织的联系,而一直与南方局保持单线联系。为了党的事业,他们忍辱负重、不计个人得失,通过华益公司不仅为党筹措了数额达上千万美元的经费,而且他们还掌管着党的地下金库的钥匙。肖林肩负着特殊使命,为党筹措了多少经费,已无法准确统计。但是,我们知道,当华益公司完成其使命宣告结束时,一次性向中共中央上交的资金就约合黄金12万两,其他固定资产折价达1000多万美元。而肖林夫妇最后仅给自己留下3块银圆留作永久的纪念。现在,这3块银圆已经作为珍贵的革命文物被重庆博物馆收藏。

罗广斌

小说《红岩》

"狱中八条"

小说《红岩》的作者之一罗广斌在脱险生还后，饱含热泪地代表全体牺牲的战友，秉笔直书，留下了令世人刻骨铭心的"狱中八条"：

一、保持党组织的纯洁性，防止领导成员的腐化；

二、加强党内教育和实际斗争锻炼；

三、不要理想主义，对上级也不要迷信；

四、注意路线问题，不要从右到左；

五、切勿轻视敌人；

六、注意党员，特别是领导干部的经济、恋爱和生活作风问题；

七、严格整党整风；

八、严惩叛徒、特务。

渣滓洞的刑具

两口"活棺材"：渣滓洞和白公馆

渣滓洞和白公馆位于重庆西北郊歌乐山下，是抗日战争、解放战争时期国民党军统特务关押、迫害、屠杀革命志士的"两口活棺材"。

【渣滓洞】渣滓洞监狱配备了一个连的特务看守。渣滓洞监狱于1947年4月曾一度关闭，同年10月重新关人。被囚禁在渣滓洞监狱的主要是"6·1"大逮捕的"要犯"，华蓥山武装起义失败后的革命者，《挺进报》案和"小民革"案中的被捕人员，如江竹筠、许建业、余祖胜、何雪松等人。政治犯最多时达300多人。

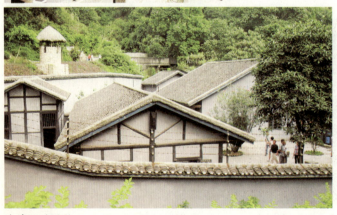

渣滓洞的现貌

【白公馆】白公馆关押的均属军统认为"案情严重"的政治犯,例如抗日爱国将领黄显声,同济大学校长周均时,爱国人士廖承志,共产党员宋绮云、徐林侠夫妇及幼子"小萝卜头"等人。政治犯最多时达200多人。

白公馆

军统内部的"红色电台"

1940年的一天,军统电讯总台像挨了一颗重磅炸弹一样,几乎瘫痪,停止收、发报,更换密码,武装特务封锁了进、出口,将所有人员挨个查问。张露萍、张蔚林、冯传庆、杨光、赵力耕、陈国柱、王席珍不幸被捕。经蒋介石批准,他们7人被钉上死镣,囚禁于白公馆监狱。1945年7月14日上午,7人被集体枪杀,最大的陈国柱33岁,张露萍才24岁。"出污泥而不染,同流而不合污",这是以周恩来为首的南方局及其领导下的革命志士在恶劣艰险的政治环境中与国民党反动派作斗争的一个战斗原则和显著特点。

共产党员就义

监狱之花

1948年10月的一天,在渣滓洞看守所女牢房里,一个幼小的生命哇哇哭叫着来到这个充满了苦难和艰辛的世界。孩子的母亲叫左绍英,是中共川东临委书记王璞烈士的爱人。阿姨们给孩子取了一个十分好听的名字——卓娅,这是一位苏联女英雄的

名字。在重庆解放前夕的大屠杀中,为了掩护孩子,左绍英用身体挡住敌人的子弹,牺牲了。敌人补枪时,未中弹的"监狱之花"和另一名叫苏菲娅的孩子,从尸堆中爬出,哭喊着寻找母亲。凶残的刽子手竟向她们射出了满满一梭子弹,残杀了这两个像花朵一般美丽的幼小生命!

《囚歌》

烈火中的永生

在重庆歌乐山下蒋家院子的秘密囚室里,叶挺以一首豪气万丈、响彻云霄的《囚歌》,发出了一个革命者渴望自由的心灵呐喊:"我渴望自由,但我深深地知道——人的身躯怎能从狗的洞子里爬出!我希望有一天,地下的烈火,将我连这活棺材一起烧掉,我应该在烈火与热血中得到永生!"

1948年6月14日,因叛徒出卖,江竹筠不幸在万县被捕。在敌人的审讯室里,江竹筠以无比的坚贞和钢铁般的意志,使敌特的几十套刑罚形同虚设,她始终没有说出半句敌人想知道的线索。最后壮烈牺牲。

叶挺   江竹筠

1947年2月28日凌晨,中共四川省委机关被国民党特务包围。吴玉章作为中共四川省委书记临危不惧,痛斥国民党特务,并致电在南京的国民政府军委会重庆行营主任张群,声明共产党立场,最后保证了所有人员的安全撤离。

红岩精神永放光芒

1985年10月14日,81岁高龄的邓颖超重返红岩村,深情写下了"红岩精神永放光芒"的题词。

2002年5月,江泽民在一次考察重庆时指出:"在新的历史条件下,全党全社会要大力弘扬红岩精神,使之成为我们在新世纪继续推进建设有中国特色社会主义事业

邓颖超同志题词

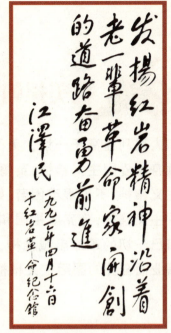

江泽民同志题词

的强大精神力量。"

2002 年 10 月，胡锦涛在重庆考察工作时强调："要继承和发扬伟大的红岩精神，牢固树立正确的权力观、地位观、利益观，自觉抵制拜金主义、享乐主义、极端个人主义，真正做到一身正气、一尘不染，以共产党人的高风亮节和人格力量影响和带动群众。"

红岩精神体现的忠于理想、矢志不移的信念，是新时代共产党人取之不尽、用之不竭的力量源泉；红岩精神体现无所畏惧、坚忍顽强的英雄气概，是新时代共产党人迎难而上、攻坚克难的不熄火炬；红岩精神体现的求真务实、大胆开拓的创新胆略，是新时期共产党人真抓实干、开拓进取的不竭动力；红岩精神体现的顾全大局、团结进步的革命风格，是新时期共产党人促进和谐、团结奋斗的强大支撑。

今天，我们一定要站在新的历史起点上，继承和发扬南方局的优良传统，大力弘扬"红岩精神"，以一往无前的进取精神和波澜壮阔的创新实践，为夺取全面建设小康社会新胜利、开创中国特色社会主义事业新局面、实现中华民族的伟大复兴，继续谱写新的壮丽诗篇。

精神链接：

红岩革命纪念馆
地址：重庆市渝中区红岩村 52 号
电话：63303065　65313028
传真：63303065　65313028
E－mail：1127@hongyan.info
网址：http:www.hongyan.info

小说《红岩》罗广斌，杨益言著（1962）

电影《烈火中永生》（1965）
15 集电视剧《红岩》（1998）

PART 8
抗美援朝精神

祖国和人民利益高于一切，为了祖国和民族的尊严而奋不顾身的爱国主义精神，英勇顽强、舍生忘死的革命英雄主义精神，不畏艰难困苦、始终保持高昂士气的革命乐观主义精神，为完成祖国和人民赋予的使命、慷慨奉献自己一切的革命忠诚精神，以及为了人类和平与正义事业而奋斗的国际主义精神。

帝国主义是纸老虎。

——毛泽东

这是一个具有重大国际意义的教训。它雄辩地证明：西方侵略者几百年来只要在东方一个海岸上架起几尊大炮就可霸占一个国家的时代，一去不复返了。

——彭德怀

1950 年 6 月 25 日，朝鲜内战爆发。9 月 15 日，以美国为首的"联合国军"75000 人在朝鲜西海岸仁川港登陆，入侵朝鲜。朝鲜人民军腹背受敌，损失惨重。10 月 1 日，美伪军越过"三八线"，随后侵占平壤，并继续向中朝边境的鸭绿江进犯。10 月 8 日，毛泽东代表中央军委命令中国人民志愿军赴朝参战。10 月 19 日，以彭德怀为司令员的中国人民志愿军渡过鸭绿江，进入朝鲜参战。一场抗美援朝、保家卫国、维护和平、反对侵略的正义之战正式拉开大幕。

开赴前线

彭德怀

金日成

邓华

"我们是中国人民志愿军，我们是保卫祖国的战士。当此美帝侵略台湾、朝鲜，屠杀中国人民，企图进攻中国大陆，扩大侵略战争的时候，为了保卫祖国国防，为了保卫世界和平，我们志愿军出兵朝鲜，配合朝鲜人民军，坚决打败美帝侵略者，消灭中朝人民的共同敌人。不怕任何艰苦，坚决服从命令，自觉遵守纪律，热爱朝鲜人民，尊重朝鲜人民领袖，团结兄弟友军，掌握战术技术，勇敢歼灭敌人，

中国人民志愿军渡过鸭绿江

47

为祖国争光,为人民立功勋。我们要高举毛泽东的旗帜,向胜利前进,不消灭敌人,决不罢休。"

这,就是中国人民志愿军的誓词。

1950年10月19日,志愿军炮兵第一师二七六团五连的政治指导员麻扶摇怀着激动的心情写下一首诗,后经作曲家周巍峙的修改、配曲,成为了那个时代最响亮的歌曲——《志愿军战歌》:

"雄赳赳,气昂昂,跨过鸭绿江。保和平,卫祖国,就是保家乡。……

英勇杀敌

我志愿军空军经过两年八个月的作战,由打小仗到打大仗,由单一机种作战到多机联合作战,整个志愿军空军共击落击伤敌机330架。

志愿军与美军奋战

【上甘岭战役】在上甘岭战役中,交战双方先后动用兵力达十万余人,反复争夺43天,作战规模由战斗发展成为战役,其激烈程度是战争史上罕见的。"联合国军"炮兵和航空兵,对两山头共发射炮弹190余万发,投炸弹5000余枚,山头几乎被削低了两米,山上的石土被轰击成为一米厚的粉末,走在高地上就像踩在土堆上一样,松土没膝。整个高地不要说树木光了,就连草茎也找不到。

上甘岭战役

上甘岭战役分三个阶段:

第一阶段:从1952年10月14日至20日,我志愿军第15军先后投入21个连队同敌人反复争夺表面阵地。

第二阶段:从1952年10月21日至29日,我志愿军第15军的前沿部队在敌人占领表面阵地的情况下，退守坑道，双方以坑道口为斗争焦点。

第三阶段：从 1952 年 10 月 30 日至 11 月 25 日，我志愿军以第 12 军集中力量反击，夺回上甘岭表面阵地，并一再打退敌人反扑。最后，敌方夺取上甘岭的计划被粉碎。

上甘岭战役，志愿军先后打退敌人 900 次的进攻。"联合国军"伤亡 25498 人，伤亡率在 40% 以上；志愿军伤亡 11529 人，伤亡率在 20% 以上。

金城战役

志愿军在云山战斗中俘虏美军

【金城战役】中国人民志愿军为促使朝鲜停战早日实现，在朝鲜人民军的配合下，于 1953 年 5 月至 7 月，在朝鲜金城以南地区对以美国为首的"联合国军"和南朝鲜军发起了夏季进攻战役。共歼灭"联合国军"和南朝鲜军 5 万余人，收复阵地 160 余平方公里，有力地配合了停战协议。

除此之外，还有云山战斗，重创美军"开国元勋师"，打破美军不可战胜的神话；高阳追击战，重创英军，打开汉城通道；雪马里围歼战，全歼皇家陆军双徽营；长津湖之战，重创美军王牌师，根本扭转东线战局；清川江围歼战，粉碎"联合国军"在圣诞节前结束战争的狂言……

中国人民志愿军用一次又一次的胜利粉碎了麦克阿瑟饮马鸭绿江的美梦。他们以空中拼刺刀的勇气，创造出世界空战史上的奇迹。

支援前线

中国人民志愿军入朝作战，以国内人民的坚决支持和拥护为坚强后盾。1950 年 11 月 4 日，中国共产党与各民主党派发表联合宣言，号召全国人民积极行动起来，支援抗美援朝战争。此后，全国迅速掀起了大规模的抗美援朝宣传教育运动，极大地增强了中国人民的民族自尊心和自

常香玉捐献的飞机

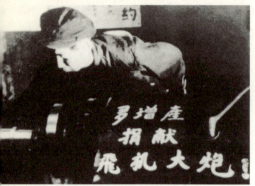
提高生产准备捐献

信心，坚定了中朝人民必胜、美国侵略者必败的信念。全国人民团结一致，同仇敌忾，掀起了参军参战、支援前线的热潮。全国各阶层人民开展捐献飞机、大炮运动。到1952年5月，全国人民共捐献人民币55650亿元(旧币)，可购买战斗机3710架。

天津人民积极响应党中央、毛泽东主席发出的"抗美援朝、保家卫国"的号召，全市先后组织了15支医疗队和防疫大队开赴朝鲜战场，并捐购"天津工人号"、"天津店员号"、"天津农民号"飞机。

在不到半年的时间里，全市各界的捐献资金，可购买战斗机133架。

中国人民志愿军赴汤蹈火，视死如归，谱写了气吞山河的英雄壮歌，创造了人类历史上以弱胜强的光辉典范。

抗美援朝的五次战役

1950年10月19日，中国人民志愿军在司令员兼政治委员彭德怀的率领下，跨过鸭绿江，开赴朝鲜战场，25日，揭开抗美援朝战争序幕，对美国为首的"联合国军"及其指挥的南朝鲜军进行了五次大的进攻战役。

第一次战役是1950年10月25日至11月5日，在朝中边境及其附近地区，挫败了"联合国军"企图在感恩节(11月23日)前占领全朝鲜的计划，初步稳定了朝鲜战局。

第二次战役是1950年11月7日至12月24日，将敌人诱至预定战场后，对其突然发起反击的战役，是扭转朝鲜战局的一次战役。

第三次战役是1950年12月31日至1951年1月8日，突破"三八线"打破了美国政府"先停火，后谈判"，争取喘息时间，卷土重来的阴谋。

第四次战役是1951年1月25日至4月21日，中国人民志愿军和朝鲜人民军在"三八线"南北地区进行的防御战役，为掩护后续兵团到达争取时间，进行反击准备。

第五次战役是1951年4月22日至6月10日，中国人民志愿军和朝鲜人民军在"三八线"南北地区进行的大规模反击战，挫败了敌人从侧后登陆配合正面进攻的企图。

1953年7月27日，战争双方在朝鲜停战协定上签字。至此，历时2年零9个月的抗美援朝战争宣告结束。

战　果

　　1953 年 8 月 14 日中国人民志愿军司令部和朝鲜人民军最高司令部联合发布战绩公报：自 1950 年 6 月 25 日至 1953 年 7 月 21 日，共击毙、击伤、俘虏敌军1093839人，其中美军 397543 人；击落击伤敌机 12213 架；击沉击伤敌舰艇 257 艘；击毁击伤敌坦克 2650 辆。事实雄辩地证明：西方侵略者几百年来只要在东方一个海岸上架起几尊大炮就可以霸占一个国家的时代，一去不复返了。

　　历经八年抗战、四年解放战争，新中国满目疮痍，百废待兴。但为粉碎以美国为首的"联合国军"对朝鲜的侵犯，保卫中国安全，毛泽东号召："全国和全世界的人民团结起来，进行充分的准备，打败美帝国主义的任何挑衅。"这是多么伟大的壮举。

抗美援朝英雄谱

　　毛泽东的长子毛岸英辞别了结婚才一年的妻子，毅然奔向朝鲜战场。1950 年 11 月 25 日上午，敌军轰炸志愿军司令部驻地，毛岸英牺牲。

　　至今，毛岸英的墓在朝鲜桧仓郡，墓碑上刻着："毛岸英同志的爱国主义和国际主义精神将永远教育和鼓舞着年轻一代。"

　　杨根思，面对美军的"王牌师"，他带领一个排打退敌人十多次进攻，直到只剩他一人，他砸碎枪支，抱起拉了导火索的炸药包，冲向美军。他用生命兑现了自己的誓言。

1949 年毛泽东与毛岸英、刘松林(毛岸英之妻)、李讷在香山合影。

　　胡修道在上甘岭战役中，在战友全部伤亡的情况下独自一人坚守阵地两昼夜，击退敌人十余次冲击，歼敌 280 余人。

　　在烈焰中，邱少云用自己的生命保住了我军的秘密；黄继光用自己的胸膛堵住了敌人的枪口，为胜利扫清了道路。

　　天津籍战士杨连弟牺牲在朝鲜战场，他被授予"登高英雄"称号。

杨根思

胡修道　　　　　杨连弟

在整个抗美援朝中，先后涌现了三十多万名英雄和近 6000 个功臣集体。很多烈士没有留下照片，更多的英雄甚至连名字也不为百姓所知，但他们拥有一个共同的名字——最可爱的人。

　　抗美援朝是中华民族历史长河中的一次伟大壮举，抗美援朝战争是一场反侵略的正义战争，抗美援朝精神是抗美援朝战争的精髓和脊梁。

　　伟大的抗美援朝精神是我们赢得这场战争胜利的取之不尽、用之不竭的力量源泉，是以弱胜强、克敌致胜的法宝，是中国人民勇敢和智慧的结晶，是中华民族代代相承、流传不息的生命支柱和民族之魂。

精神链接：

抗美援朝纪念馆
地址：辽宁省丹东市山上街
电话：0415-3876322
网址：http://kmyc.china5000.cn/

电影《上甘岭》(1956)、《英雄儿女》(1964)、《云水谣》(2006)
电子游戏：《决战朝鲜》
歌曲《中国人民志愿军军歌》，麻扶摇填词，周巍峙作曲

邱少云烈士
纪念碑

周恩来为牺牲在朝鲜的志愿军战士敬献花篮

PART 9
大庆精神

爱国　创业　求实　奉献

北风是电扇，大雪当炒面，天南海北来会战，誓夺头号大油田。干！干！干！

只要上午拿下这个大油田，哪怕下午倒在钻台上也痛快，也值得。

有条件要上，没有条件创造条件也要上。

宁肯少活 20 年，拼命也要拿下大油田。

把贫油落后的帽子甩到太平洋里去。

——王进喜

铁人王进喜

王进喜

1923 年—1970 年。1938 年进玉门油矿当工人。1950 年担任钻井队长，1956 年加入中国共产党。1958 年 9 月，他带领钻井队创造了月进尺 5009 米的最新纪录。1959 年创年钻井进尺 7.1 万米的全国最新纪录，1 年的进尺相当于旧中国 42 年钻井进尺的总和。1960 年春，他率一二零五钻井队打出了第一口喷油井。1966 年，他率一二零五钻井队突破钻井进尺 10 万米大关，创造了当时世界上钻井最高纪录，被群众誉为"铁人"。1970 年病逝，时年 47 岁。

1949 年以前，中国的石油年产量只有 14 万吨。新中国成立后，领袖们多次对石油表示忧虑。毛泽东主席说："要进行建设，石油是不可缺少的，天上飞的，地下跑的，没有石油都转不动啊！"朱德委员长说得更直白："没有石油，坦克、飞机还不如打狗棍。"

20 世纪 50 年代之前流行的地质理论认为："由于油气是远古时代曾是海洋生物的尸体在高温高压下经过化学变化而生成的，所以，大型油气田只能在远古时代曾是海洋的海相地层中找到，陆相地层则无油或贫油。"著名地质学家、首任地质部部长李四光当面对毛泽东、刘少奇、朱德等党和国家领导人说，中国油气资源蕴藏丰富。他认为大地构造条件和沉积条件，也是石油生成的两个要素，中国的东北、华北、西北虽属陆相地层，但符合这两个要素。提出"陆相生油"，在理论上支持了大庆油田发现的地质学家是黄汲清。然

如今的大庆油田

而,在 20 世纪六七十年代的人们可能不知道黄汲清,但一定知道王进喜。

几十年来,以铁人王进喜为代表的一代又一代大庆油田创业者,怀着为国争光、为民族争气的远大胸怀,克服重重困难,创造了极不平凡的业绩,生产了大量国家经济发展所需要的宝贵石油产品,培育了"爱国、创业、求实、奉献"的大庆精神,锤炼了一支敢打硬仗、勇创一流的英雄队伍。

铁人精神和大庆精神是密

铁人王进喜雕像

不可分的一个整体,它是我国石油工人和我国工人阶级精神面貌的集中体现。

责 任

1959 年,王进喜作为石油战线的劳动模范到北京开会,看到公共汽车的车顶上都背个大气包,他奇怪地问别人:"背那家伙干啥?"人们告诉他:"因为没有汽油,烧的是煤气。"这话像锥子一样刺痛了他。他多次跟工友们说:"一个人没有血液,心脏就停止跳动。工业没有石油,天上飞的,地上跑的,海上行的,都要瘫痪。没有石油,国家有压力,我们要自觉地替国家承担这个压力,这是我们石油工人的责任啊!"

参加会战

1959 年 9 月 26 日,在十年国庆前夕,以松辽盆地第三口基准井——"松基 3 井"喜获工业油流为标志,宣告了大庆油田的诞生。听说我国东北发现了大庆油田,王进喜心情无比高兴,"恨不得一拳头砸出一口井来",立即提出申请要去参加大庆石油会战。1960 年 3 月,王进喜率领 1205 钻井队从玉门日夜兼程赶奔大庆。他说:"我们国家就是一块宝地。这回我们掉进大油海里啦,甩开膀子干吧,把'贫油落后'的帽子甩到太平洋里去。"

王进喜制服井喷

王进喜传授技术

1205 钻井队

奋　战

1960年4月2日，从玉门发出的钻机运抵萨尔图。可当时吊车、汽车、拖拉机非常少，60多吨重的钻机设备无法卸车、搬运和安装。面对重重困难，王进喜对大家说："遇见困难怎么办？只能上，不能等；只准干，不准拖！"他带领全队把钻机化整为零，用滚杠加撬杠，靠双手和肩膀，奋战三天三夜，把钻机安装在38米高、22吨重的井架上。

制服井喷

"宁可少活20年，拼命也要拿下大油田！"这是王进喜时时刻刻都在实践着的誓言。当第二口井钻到约700米时，突然发生井喷，经过研究采取用加水泥的办法，提高泥浆比重压井喷。水泥加进泥浆池就沉底，又没有搅拌器，王进喜就扔掉拐杖，奋不顾身地跳进泥浆池用身体搅拌泥浆。经全队工人奋战，终于压住了井喷，保住了钻机和油井。井喷制服了，可王进喜的伤腿已血肉模糊，泥浆把他的手脚烧起了大泡。

关　怀

党和国家领导人对大庆油田的发展、对王进喜非常关怀。1964年，毛泽东主席发出"工业学大庆"的号召。1962年6月至1966年5月，周恩来总理三次视察大庆。"文革"开始后，王进喜遭揪斗、游街，油田生产受到严重影响。周总理得知这一情况，很着急，1970年3月，周总理把王进喜请到北京了解情况，并就保护好大庆油田，加速解放大庆的干部作出了批示。

"我这一辈子就是要干好一件事情：快快地发展我国的石油工业。"这是王进喜经常挂在嘴边的话。在长达30多年的奋斗中，他吃大苦、耐大劳，积劳成疾，得了严重的关节炎和胃癌，当他1970年病逝时，只有47岁。大庆专为他建立了"铁人王进喜纪念馆"。

大庆铁人纪念馆

新时期"铁人"王启民

新时期"铁人"

在庆祝新中国成立 60 周年之际,中华全国总工会在全国范围内开展"时代领跑者——新中国成立以来最具影响的劳动模范"评选活动,在候选名单中,王进喜赫然在列。同出自大庆油田的候选者还有一位——王启民。

王启民,大庆油田有限责任公司副总地质师,他创造了具有中国特色的注水开发技术,找到价值 2000 亿元可采储量。近年来,他为油田节约 7500 万立方米清水,减少 8528 万立方米污水外排,先后获 22 项科技奖励。他为大庆油田 25 年稳产高产的奇迹作出了重大贡献,被誉为新时期"铁人"。

2009 年 6 月 26 日,胡锦涛总书记赴黑龙江考察工作,他首先来到铁人王进喜工作过的 1205 钻井队作业现场。他对大家说,与 50 年前相比,现在的条件已经有很大不同,但大庆精神永远是激励我们不畏艰难、勇往直前的宝贵精神财富。希望大家高扬钢铁 1205 钻井队的旗帜,发扬优良传统,继续艰苦创业,为我国石油工业发展作出新的更大贡献。

在高高的井架下,胡锦涛总书记同石油工人激情满怀地唱起歌曲《踏着铁人脚步走》,鼓励工人们继承和发扬铁人精神,为祖国建设加油。

精神链接:

铁人王进喜纪念馆
地址:黑龙江大庆市解放二街 8 号
网址:http: www.wangjinxi.com

电影《铁人》(2009)、《创业》(1974)

57

PART 10
雷锋精神

全心全意为人民服务，
为了人民的事业无私奉献。

学习雷锋同志,弘扬雷锋精神。

　　　　　　　　　　　　　　　　——江泽民

　　发扬光大雷锋精神,就要像雷锋那样把有限的生命投入到无限的为人民服务中去。

　　　　　　　　　　　　　　　　——胡锦涛

雷锋

　　1940 年 12 月 18 日—1962 年 8 月 15 日。
　　1958 年 11 月至 1960 年 1 月在鞍山钢铁厂工作。
　　1960 年 1 月入伍。
　　1960 年 11 月 8 日入党。
　　1962 年 8 月 15 日光荣牺牲。

　　1962 年 8 月 15 日，一个普通士兵、一名伟大的共产主义战士逝去了，他留下了一个久久为人铭记的名字——雷锋，也留下了至今依然鲜活的崇高精神——雷锋精神。

　　雷锋没有惊天动地的壮举，他只是社会主义和平建设时期的一名普通士兵，一个平凡的人。而他短暂又普通的一生，留给我们无尽的思索：人怎样活着才能真正有意义与价值。"人的生命是有限的，可是，为人民服务是无限的，我要把有限的生命投入到无限的为人民服务中去。"雷锋以他的朴素言行实践着自己的诺言，对于我们每个活着的人来说，雷锋精神则永远不会过时。

雷锋入伍

　　1960 年 1 月 8 日，身高 1.54 米，体重不足 55 公斤的雷锋入伍了。

刻苦训练学习

　　雷锋入伍不久，参加军事训练。他克服自己身材瘦小的不足加倍苦练，不达到标准，决不罢休。

雷锋入伍时的照片

雷锋在练习投掷手榴弹　　　　　　　　　雷锋与战友乔安山学《毛泽东选集》

　　训练结束后，雷锋被分到运输连当汽车兵。雷锋废寝忘食地学习技术，被大家一致推举为技术学习小组长，很快他成了一名合格的驾驶员。雷锋驾驶汽车东奔西跑执行任务，很难抽出时间学习，他就把书随身带在身边，只要一有空闲就坐在驾驶室里看书。他在日记中写下这样一段话："有些人说工作忙，没时间学习，我认为问题不在工作忙，而在于你愿不愿意学习，会不会挤时间。要学习的时间是有的，问题是我们善不善于挤，愿不愿意钻。一块好好的木板，上面一个眼也没有，但钉子为什么能钉进去呢？这就是靠压力硬挤进去的。由此看来，钉子有两个长处：一个是挤劲，一个是钻劲。我们在学习上也要提倡这种'钉子'精神，善于挤和钻。"

乐于助人

　　1960年初夏的一个星期天，雷锋肚子疼得很厉害，他到团部卫生连开了些药。回来路上，他见一个建筑工地上正热火朝天地施工，当得知是给本溪路小学盖大楼时，他便主动推起一辆小车，加入到运砖的行列中去。他说："我们都是为社会主义建设添砖加瓦，我和大家一样，只是尽了自己的一点义务，也算是有一分热发一分光吧！"

雷锋补袜子

当天下午，打听到雷锋名字及部队驻地的建筑公司，组织工人敲锣打鼓送来感谢信，大家才知道病中的雷锋做了一件好事，过了个特殊的星期天。

天暖了，连队里发放夏衣，每人两套，雷锋却只要一套。他说："剩下的一套衣服交给国家吧！"他的存折上共有203元，他一下子捐出200元支援国家建设，接待他的同志

雷锋和战友们学习

实在无法拒绝他的这份情谊，只好收下一半。在辽阳遭受百年不遇洪水的时候，他把另外100元捐献出来。他自己的袜子补了又补，平时舍不得买一瓶汽水喝。

雷锋经常把自己的藏书拿出来供大家学习，被人们称为"小小的雷锋图书馆"。他热心帮助战友学习知识。战友乔安山文化程度低，雷锋就手把手地教他认字，学算术。战友小周父亲得了重病，雷锋知道后，便以小周的名义给家里写了信，又寄去10元钱。战友小韩在夜里出车中棉裤被硫酸水烧了几个洞，雷锋值班回来发现后，把自己的帽子拆下来，一针一针地为小韩补好裤子。

一次，雷锋出差在沈阳站换车时，一出检票口，发现一群人围着一个背着小孩的

雷锋担任小学校外辅导员

中年妇女，原来这位妇女从山东去吉林看丈夫，车票和钱丢了。雷锋用自己的津贴费买了一张去吉林的火车票塞到大嫂手里，大嫂含着眼泪说："大兄弟，你叫什么名字，是哪个单位的？"雷锋说："我叫解放军，就住在中国。"

1960年10月以后，雷锋先后担任了抚顺市建设街小学（即现在的雷锋小学）和本溪路小学校外辅导员。他平时工作很忙，经常利用午休时间或风

雷锋遗照

雷锋的遗物

雷锋牺牲后留下的遗物仅有：生前读过的《毛泽东选集》一至四卷，他驾驶过的13号汽车，他握过的冲锋枪、手榴弹，雨夜送大娘时穿过的雨衣，他钉的节约箱，他担任校外辅导员时戴过的红领巾，他为战友和群众理发的工具、针线包，装有学习用品的挎包等。

雨天不能出车的日子，到学校去开展辅导活动。他善于团结小朋友，启发他们好好学习，天天向上，辛勤培养下一代茁壮成长。

光荣入党

1960年11月8日，雷锋光荣地加入了中国共产党。雷锋在入党自述材料《解放后我有了家，我的母亲就是党》里面提到："没有党，就没有我雷锋……""我有向党说不尽的话，感不尽的恩，表不完为党终身奋斗的决心……"

牺　牲

1962年8月15日上午，细雨霏霏，雷锋和他的助手乔安山驾车从工地回到驻地，发现车身上溅了许多泥水，便不顾长途行车的疲劳去洗车。经过营房前一段比较窄的过道时，雷锋站在过道边上，指挥小乔倒车，汽车突然左后轮滑进了路边水沟，车身猛然碰倒了一根平常晒衣服被子用的方木杆子，雷锋不幸被砸中头部，战友们立即用担架把他送到附近医院抢救。由于颅骨损伤，导致脑机能障碍，年仅22岁的雷锋，就这

样和我们永别了!

8月17日,雷锋追悼会在抚顺市望花区政府礼堂隆重召开,近十万人护送雷锋的灵柩去往烈士陵园。

雷锋的军用水壶

光 荣 榜

1963年3月5日,人民日报发表毛泽东主席题词:"向雷锋同志学习。"3月29日,周恩来总理来到北京军事博物馆,参观雷锋生平事迹展览。

1990年3月5日,江泽民总书记题词"学习雷锋同志,弘扬雷锋精神"。同年10月29日,他到辽宁省考察工作,特地前往抚顺雷锋纪念馆,在雷锋墓前默哀,为沈阳军区雷锋纪念馆题写馆名。他在接见"雷锋团"干部战士时阐明了雷锋精神的实质——"全心全意为人民服务,为了人民的事业无私奉献。"

> 雷锋荣获二等功1次、三等功2次,多次受嘉奖,曾被评为模范共青团员、节约标兵、抚顺市人大代表。

雷锋多次立功受奖,被选为抚顺市人大代表,出席过沈阳军区首届共青团代表会议,他的照片、日记和模范事迹,通过报纸、电台广泛宣传,赢得了人们的热烈赞誉。他在日记中写道:"我的一切都是党给的,光荣应该归于党,归于热情帮助我的同志,至于我个人做的工作,那是太少了,我这么一点点贡献,比起对我的要求和期望还是很不够的……"

全心全意为乘客服务的李素丽

当代雷锋精神

时代在发展,然而,雷锋精神却没有过时。当今,

30 多年来义务赡养多位孤寡老人的林秀贞

靠蹬三轮资助了 500 多名贫困学生的白芳礼

带病坚持工作的方永刚

人们对雷锋精神的理解诠释在变化着、深化着，同时，也在以自己的行动实践着。一个个雷锋式的模范人物不断涌现。

雷锋精神与时代并肩。在"感动中国"的人物身上，在道德楷模身上，在抗冰抢险、抗洪救

在冰湖中冒险救出三名落水儿童的徐伟

灾、抗震救灾的军民身上，在清洁工的身上，在售货员的身上，在北京奥运会的志愿者身上……无不闪耀着雷锋精神的时代光辉。

精神链接：

辽宁抚顺雷锋纪念馆
地址：辽宁省抚顺市望花区和平路东段 61 号
电话：86-413-6658818
传真：86-413-6658811
网址：http://www.leifeng.org.cn
湖南雷锋纪念馆
地址：湖南省长沙市雷锋镇
电话：0731-8165506
网址：http://www.hnleifeng.org.cn/

电影《雷锋》(1964)

无偿指路的老人

PART 11

"两弹一星"精神

热爱祖国、无私奉献，
自力更生、艰苦奋斗，
大力协同、勇于攀登。

在科学研究中我们要永远保持自力更生、艰苦奋斗、无私奉献、大力协同的优良传统和精神，要发扬崇尚科学、团结协作、追求一流、讲求正气的团队精神。这也是"两弹一星"的精神。

——王大珩

这是成千上万科技人员、工人、干部共同努力的结果，我只是其中微不足道的一员。

——王淦昌

氢氧发动机是今后航天技术发展所需要的，这个台阶迟早得上，我们已经具备了初步的技术条件与设施设备条件，经过努力一定可以突破技术难关，中国完全有能力赶超世界先进水平。

——任新民

211 厂旧址，中国第一颗原子弹产地

毛泽东在 1958 年前后就表示："我们也要搞人造卫星！""搞原子弹、氢弹、洲际导弹，我看有十年工夫是完全可能。"

1960 年 7 月 10 日，苏联政府停止执行援助中国原子弹工业及国防工业协议，撤走全部在华专家，停止原定一切设备材料的供应。倔强的中国人决心要自己靠自己。豪爽的陈毅元帅说：中国人就是把裤子当了，也要把原子弹搞出来！

成功发射

"倒计时的读秒到零，起爆！刹那间，一团巨大的火球腾空而起，天空和大地燃烧起来，太阳都变成灰色了。随后就是一声巨响，向外扩展，又被绵延的天山反射过来，如巨雷碾过头顶。紧接着冲击波横扫着无边的戈壁……火球在翻滚，在升高，在膨胀，橘红、靛蓝、绒白地变换着，终于，它定格成一朵直竖在空旷的天地之间的蘑菇云。令人恐怖的美丽！"这是后来的二炮部队司令李旭阁在他的日记中描述 1964 年 10 月 16 日下午 3 点 15 时，发生在新疆罗布泊核试验场的那一刻。

当天 19 时，周恩来总理在人民大会堂宣布："我国在西部地区成功爆炸了一颗原子弹。"瞬间，这个振奋人心的消息传遍全国，震撼了世界。

第一颗原子弹爆炸

在随后的几年中，共和国的功臣们凭着一股为国舍命的精神，在荒凉的戈壁沙漠里，一次又一次创造出举世瞩目的伟业。1967年6月17日，我国成功地爆炸了自行制造的第一颗氢弹。1970年4月24日，我国又从酒泉卫星发射中心导弹卫星发射场成功发射火箭，把第一颗人造地球卫星送上太空。在中国工业基础十分薄弱的条件下，独立研制成功原子弹、氢弹和人造地球卫星，这既是中国人民爱国主义精神和无私奉献品质的充分展示，也是中华民族独立自主、改革创新精神的集中体现。

第一颗氢弹爆炸

第一颗人造地球卫星

邓小平指出："如果六十年代以来中国没有原子弹、氢弹，没有发射卫星，中国就不能叫有重要影响的大国，就没有现在这样的国际地位。这些东西反映一个民族的能力，也是一个民族、一个国家兴旺发达的标志。"

设计卫星

1999年9月，在表彰为研制"两弹一星"作出突出贡献的科技专家大会上，江泽民同志指出：伟大的事业，产生伟大的精神。在为"两弹一星"事业进行奋斗中，广大研制工作者培育和发扬了一种崇高精神，它就是"热爱祖国、无私奉献，自力更生、艰苦奋斗，大力协同、勇于攀登"的"两弹一星"精神。

试验照片

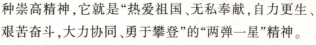

苏联专家撤走了，负责原子能工业的第二机械工业部决定：为了激励全体人员自力更生、发愤图强，我国把苏联停止提供原子弹教学模型和图纸资料、撕毁协议的日期——1959年6月，作为第一颗原子弹的代号"596"，也叫"争气弹"。

空投我国首颗原子弹的轰炸机

罗布泊,曾几何时,那里成了一片戈壁滩,几乎寸草不生,夏季气温高达70℃,天空中也没有飞鸟。

在那样异常恶劣的气候条件下,原子弹实验基地的人们还得承受着饥饿之苦。当时任国防科委主任的聂荣臻元帅说:"我以革命的名义向大家募捐,请求立即搞一点粮食和副食支援我们的试验基地吧,我们的科技人员太辛苦了,他们能不能活下来,是关系到国家前途和命运的大事。"

青海原子城纪念馆

聂荣臻视察

"两弹一星"功勋谱

"两弹一星"功勋科学家程开甲,是我国核试验技术的总负责人。他亲自主持了第一颗原子弹、第一颗氢弹、首次导弹核试验、首次地下平洞、首次地下竖井、首次增强型原子弹等几十次核试验。他在大漠戈壁苦斗20余年。

中国第一个核武器试验
基地纪念碑

著名化学家和教育家、中国科学院资深院士、南开大学教授何炳林先生把毕生的精力都献给了高分子化学研究事业,他被国际同行专家誉为"离子交换树脂之父"。他利用这些树脂成功地提取出我国急需的核燃料——铀,为我国第一颗原子弹的爆炸作出了巨大的贡献。

何炳林和陈茹玉夫妇

据国防科委当时统计,在原子弹研制的关键阶段,全国先后有26个部委、20个省市区,包括900多家工厂、科研机构、高等院校以及解放军各军兵种参加了攻关会战,保

原子弹实验基地旧址

证了核工业生产、建设和核武器研制任务的按时完成。

出西宁约百公里，就到了海北藏族自治州的海晏县。这是青海高原上一个叫金银滩的地方。蓝天白云、荒草无际，有一首歌《在那遥远的地方》，唱的就是这里，第一颗原子弹爆炸试验基地就设在这个地方。

西海镇的东面是

邓稼先　　　　于　敏

周光召

两弹一星功勋奖章

王大珩

由张爱萍将军题写的"中国第一个核武器试验基地"纪念碑。碑高 10.16 米，象征第一颗原子弹爆炸成功的时间。碑的两侧是原子弹和氢弹爆炸时的蘑菇云浮雕。背面的碑文记载着我国科研人员，为了祖国的强盛，艰苦创业、顽强奋斗的事迹。

1985 年，经中央专门批准，决定对"两弹一星"的有功人员颁发特等奖，"两弹"元勋邓稼先获此殊荣。

在迎庆新中国成立 50 周年的时候，中共中央、国务院和中央军委制作了"两弹一星"功勋奖章，授予于敏、王大珩、王希季、朱光亚、孙家栋、任新民、吴自良、陈芳允、陈能宽、杨嘉墀、周光召、钱学森、屠守锷、黄纬禄、程开甲、彭桓武，追授王淦昌、邓稼先、赵九章、姚桐斌、钱骥、钱三强、郭永怀 23 位为研制"两弹一星"作出突出贡献的科技专家。

这些"两弹一星"的元勋们都年事已高，不少已经离我们而去。他们中的每一个人都是一部忠党报国、勇攀科技高峰的历史。他们中的绝大多数人在默默无闻中度过了大半生，而他们的人格和功绩永远彪炳史册。

精神链接：

青海原子城纪念馆
地址：青海省海北藏族自治州西海镇

电影《横空出世》(1999)
27 集电视剧《情润无声》(2009)

PART 12
北大荒精神

艰苦奋斗 勇于开拓 顾全大局 无私奉献

荒原上,搭起了第一顶绿帐篷⋯⋯
辽阔的荒原呵!
谁说你只有荒凉和寒冷——
迎不来春风,送不走隆冬,
千年沉睡,响着粗重的鼾声?

这第一缕袅袅的炊烟,
赶走了荒原几千年的寒冷;
这第一堆熊熊的篝火,
划破了荒原几千年的沉静!

别看这里现在呵——
白雪皑皑,没有一丝春影;
请看这里的明天吧——
杨柳依依,处处春浓。

——《绿色的帐篷》节选
黑龙江生产建设兵团第六师宣传科创作组 李龙云

打开世界地图，在北半球排列着三块黑色的土壤带，犹如三枚黑宝石，其中一枚就嵌在我国的东北角，那就是北大荒。

"九一八"事变后，日本侵略者为加速殖民统治，实行向中苏边境地带武装移民，侵占了黑龙江境内大量耕地。日本投降前夕，其开拓团成员狼狈逃窜时烧毁房屋、破坏水利工程，造成大片土地荒芜。

曾经的北大荒房屋

老作家老诗人、曾在北大荒劳动改造的聂绀弩对 20 世纪 50 年代中后期的北大荒是这样描述的："北大荒，天苍苍，地茫茫，一片衰草和苇塘。熊不出洞，野无虎狼。天地末日情何异，冰河时代味再尝，一年四季冬最长……"

正是在中国共产党领导下，百万拓荒者把汗水、泪水、血水融入荒野，用青春、智慧、生命浇灌黑土，终将祖国东北角染成一片绿色。"亿吨粮，千吨汗，百吨泪，十吨歌"，北大荒人在创造出巨大物质财富的同时，也贡献了宝贵的精神食粮——以"艰苦奋斗、勇于开拓、顾全大局、无私奉献"为主要内涵的北大荒精神。

人们不会忘记，60 年来，由 14 万转业复员官兵、10 万大专院校毕业生、20 万内地支边青年、54 万城市知识青年组成的垦荒大军，义无反顾地投身一场伟大的拓荒事业，洒下了汗水，贡献了青春。12900 多名农垦建设者永远留在这片黑土地上。"献了青春献终身，献了终身献子孙"。

北大荒湿地

挺进荒原

1947 年春，人民解放军由战略防御转入战略反攻，一批复转军人和残废军人到北大荒开垦造田，建农场，开始了向北大荒的第一次大进军。在这批官兵中，有不少人来自革命圣地延安，参加过

王震纪念碑

开发南泥湾的战斗。

1954年，经中央军委同意，铁道兵司令员王震率在抗美援朝战场上屡立奇功的中国人民解放军铁道兵部队七个师共两万官兵挺进荒原。至1956年，建起以铁道兵部队为番号的"八五〇"、"八五一"、"八五二"等一批农场。这是向北大荒的第二次进军。兴凯湖畔的"王震将军率师开发北大荒纪念碑"的碑文，向人们叙说着一部人类伟大的拓荒史。

【北京庄】1955年8月30日，北京召开欢送垦荒队大会。团中央书记处书记胡耀邦作了《向困难进军》的讲话，他代表团中央将一面"北京青年志愿垦荒队"的大旗授予垦荒队队长杨华。

这是新中国第一支青年志愿垦荒队开赴北大荒，在黑龙江萝北县的荒原上扎下了根。从此，在萝北荒原的地图上标了新的地名——北京庄。他们用辛勤的汗水，换来了一个又一个金色的秋天。

【天津庄】1955年11月8日，天津市青年志愿垦荒队首批52名队员到达黑龙江萝北县，在北大荒开始了新的生活。1956年"五四"青年节，天津青年志愿垦荒点被命名为"天津庄"。他们在零下三四十度的冰天雪地里，创造了奇迹般的生活。

几十年过去了，垦荒队员们的第二代接过了艰苦奋斗的大旗。

1958年3月，党中央通过《关于发展军垦农场的意见》，作出了大规模开发北大荒的决策，来自全军各兵种、各单位的10万官兵，迈开双脚，向荒原进军。彻底改变荒原容颜的第三次大进军揭开帷幕！

知青宣誓

垦荒

自 1968 年以后，54 万多名城市知识青年奔赴北大荒，揭开了向北大荒第四次大进军的壮丽画卷。

1970 年 5 月 2 日下午，兴凯湖沼泽地带的一片大草甸子突然失火。天津知青孙连华脱下上衣奋力扑火。经过 5 个小时的紧张战斗，大火终于被扑灭了。晚上在返回连队的途中，经过一片沼泽地时，由于饥饿、寒冷、疲劳、伤痛，孙连华陷入深深的沼泽中，走完了他年轻的人生旅途。此刻，他入党刚刚一个月。孙连华的墓就建在兴凯湖畔，上面刻着："笑把青春献给党"。

"故人墙"

北大荒纪念馆内有面"故人墙"，墙体上镌刻的是 12900 多名为开发建设北大荒而献身的人们的姓名。墙上的一条标语是：献了青春献终身，献了终身献子孙！

一位随爷爷返回北大荒的大学生，在参观完北大荒纪念馆后，写道："小时候，北大荒是一个古老而又神奇的故事，故事中有爷爷拼搏的身影和

收割

挖树根

田间烧饭

插秧

兴凯湖

北大荒美景

汗水；后来啊，北大荒是一支甜甜的歌，歌中映着爸爸喜悦的笑脸；长大后，北大荒是一个美美的梦，梦中有我无悔的追求。"

北大荒精神，是黑龙江垦区在极其艰苦的环境和特定历史条件下形成和发展起来的，是几代北大荒人用青春、汗水乃至鲜血、生命培育和锤炼的。在莽莽黑土地上，农垦战士们以不畏困难、拼搏实干的艰苦奋斗精神，解放思想、敢闯敢试的勇于开拓精神，胸怀全局、强国富民的顾全大局精神，不图名利、忘我工作的无私奉献精神，不断创造出粮食增产、农业增效、农民增收的奇迹。

黑土地上创造出来的北大荒精神，已

秋收

北大荒精神雕像

成为中华民族历久弥新的精神财富，不但在几代北大荒人身上得以传承，而且在新时期得到不断的丰富和发展，发挥出更加积极的作用。可以相信，北大荒精神必将以其独特魅力、耀眼的光芒，鼓舞着我们在全面建设小康社会的征程上不懈奋斗。

精神链接：

北大荒博物馆
网址：http://www.bdhbng.com
华夏知青网：http://www.hxzq.net

电视剧《北大荒》（2008）

PART 13

抗击非典精神

万众一心、众志成城,团结互助、和
衷共济,迎难而上、敢于胜利的精神。

　　这场斗争的胜利,极大地提高了中国人民战胜困难的勇气和能
力,增强了中华民族的凝聚力。这场斗争的胜利,极大地增强了世界
各国对中国发展前景的信心,扩大了中国在国际上的影响。

　　　　　　　　　　　　　　　　　　　　　　　　——胡锦涛

　　搞好非典型肺炎防治工作,直接关系广大人民群众的身体健康
和生命安全,直接关系改革发展稳定的大局,直接关系国家利益和
我国国际形象。全国上下必须进一步动员起来,坚决打好同非典型
肺炎疫情作斗争这场硬仗。

　　　　　　　　　　　　　　　　　　　　　　　　——温家宝

SARS 不期而至

2003年年初,我国遭遇了一场突如其来的非典型肺炎(SARS)疫病灾害。这是一种新发现的传染性强的传染病,没有特别有效的预防治疗办法。加上我国人口多、流动性大,一些地方和部门在应对突发公共卫生事件上准备不足,疫情很快蔓延到我国大部分省市县,广东、北京等地疫情尤为严重。

非典疫情的发生和蔓延,引起了举国上下的担忧,也受到了国际社会的关注。能否战胜非典疫情,是对我们党和政府应对突发事件、驾驭复杂局面能力的一次严峻考验,也是对全党全国人民战胜困难的意志和勇气的一次严峻考验。

防非典海报

果断决策

面对非典疫情,党中央、国务院高度重视,果断决策,地方各级党委和政府认真负责、靠前指挥,充分发挥了中流砥柱的作用;实行全民动员、联防联控,紧紧依靠广大人民群众,充分发挥了人民群众的伟大力量;社会各方面团结一致、齐心协力,一方有难、八方支援,形成了共克时艰的强大合力;坚持依靠科学、运用科学,充分发挥科技人员的作用和科学技术的力量,使科学技术成为战胜疫情的有力支撑;坚持依法执政、依法行政,制定和运用有关法律法规,使法律成为战胜疫情的有力保障;广大基层党组织战斗在第一线,广大党员干部冲锋在最前面,成为群众抗击非典的主心骨、贴心人;坚持经济建设这个中心不动摇,统筹安排、促进发展,为战胜困难提供了强大的物质基础。

抗非典邮票

非典隔离面罩

非典药品

非典隔离服

76

亲临现场

在抗击非典的战役中，全民族万众一心，迎难而上，伟大的民族精神得到锤炼和升华，形成了凝聚人心、克敌制胜的强大精神支柱，展示了中国人民泰山压顶不弯腰的大无畏气概。全国各族人民共同铸就了伟大的抗击非典精神——"万众一心、众志成城，团结互助、和衷共济，迎难而上、敢于胜利的精神"。

胡锦涛总书记亲临非典现场指挥

党中央、国务院迅速成立统一指挥和协调全国防治工作的指挥部，严格疫情监测报告制度，派出督查组赴各地检查指导工作，建立省市县三级政府防治工作领导机制。从中央到地方各级党政干部，深入防治工作第一线，身先士卒，指导工作，坚定了人民群众战胜困难的决心和信心。

温家宝总理看望抗非典医务人员

群防群控

从城市到乡村，从机关到企业，从社区到校园，从军队到地方，全党、全军和全国人民紧急动员、迅速组织起来，守望

商议防治对策

非典防治

学校防非典宣传

相助，群防群控、联防联控，打响了一场抗击非典的人民战争，构筑起一道防治疫病的钢铁长城。

面对非典疫情，广大医务工作者临危不惧、舍生忘死、恪尽职守、敬业奉献，用心血、汗水甚至生命挽救患者的生命，建立了不可磨灭的功绩。

广大防疫人员特别是流行病调查人员不畏艰难、辛勤工作，为摸清传染链、控制疫情扩散作出了突出贡献。

全民防控

学校复课

学校课件消毒

78

非典时期的婚礼

钟南山院士分析非典疫情

　　广大新闻工作者深入防治非典第一线,不辞辛苦、忘我工作,及时传播党和政府的声音,大力宣传先进模范事迹,普及科学防护知识,为增强斗志、稳定人心发挥了重大作用。

　　科学是疫病的克星。各方面的专家集中到一起,总结实践经验,逐步掌握非典疫病的一般流行规律,形成一套有效的综合防治措施,探索出一套中医治疗和西医治疗、生理治疗和心理治疗相结合的科学救治方法。科研攻关队伍迅速组织起来,打响了一场防治非典的科技攻坚战。

即将奔赴非典一线的军医们

王府井巡逻

白衣英雄

　　大江南北,长城内外,哪里有疫情,哪里就有真情奉献;哪里有困难,哪里就有无私援助。疫病无情人有情。大批医务人员特别是军队医务人员紧急奔赴救治工作第一线,大量防治非典物资源源不断地运往疫区,众多企业为保障市场供应千方百计地扩大生产,社会各界纷纷捐款捐物。人们的心靠得更近,贴得更紧。

　　在艰巨的防治任务和生死考验面前,各级基层党组织和广大共产党员视人民的利益高于一切,挺身而出,冲锋在前,为党旗增添光彩,为群众作出表率。哪里困难多,哪里风险大,哪里就有党组织的旗帜,哪里就有共产党员的身影。面对安和危、生和死的抉择,共产党员把安全留给群众,把危险留给自己,把生存的希望留给群众,把死神的威胁留给自己,用实际行动展现了新时期共产党员的光辉形象。

　　2003 年 4 月 21 日下午 5 时 40 分,冲锋在抗击非典最前线而被感染的中山大学附属第三医院传染病科党支部书记邓练贤不幸逝世,终年 53 岁。这是广东省在抗击非典型肺炎战斗中第一位因公殉职的医生。中组部追授邓练贤"全国优秀共产党员"称号,广东省政府追认他为革命烈士。

李晓红　烈士

在抗击非典战斗中牺牲的还有：广东省中医院二沙岛分院急诊科护士长叶欣；武警北京总队医院内二科主治医师李晓红，中组部追授她为"全国优秀共产党员"称号，国家人事部、卫生部和总政治部追授她"白求恩奖章"，武警北京总队党委批准她为革命烈士，并追记一等功；山西省人民医院副主任医师梁世奎，中组部追授他"全国优秀共产党员"称号，人事部、卫生部和解放军总政治部追授他"白求恩奖章"荣誉，卫生部追授他"人民健康好卫士"称号，山西省劳动竞赛委员会追授他省"五一"劳动奖章和"山西省特级劳动模范"称号；天津市肺科医院呼吸科主任医师裴鸿烈，中组部追授他"全国优秀共产党员"称号，天津市政府追认他为革命烈士。

向白衣天使献花

非典患者康复出院

裴鸿烈 烈士

正是有了一批批不顾安危，不惧生死的广大医护人员的守护，才有了抗非典胜利的基础。

正是有了抗击非典的经验和抗击非典精神的支持，才使我们在遭遇今年的甲型 H1N1 流感疫情时，有了防控和战胜它的能力。

卫生部部长陈竺说："有一点我们是肯定的，无论是对我国而言，还是对整个人类社会而言，今天我们应对这类突发公共卫生事件的能力，相比 SARS 期间已经有了长足的进步和提高，我们有信心防控和战胜这场有国际影响的公共卫生危机。"

PART 14
载人航天精神

特别能吃苦、特别能战斗、特别能攻关、特别能奉献。

许多年来,在党中央、国务院、中央军委的领导下,经过广大科技人员和解放军指战员的不懈奋斗,我国载人航天事业取得了举世瞩目的成就,谱写了中华民族自强不息的壮丽诗篇。这不仅是参与载人航天事业的全体同志的荣耀,更是我们伟大祖国的荣耀。同志们为祖国、为人民、为民族建立的卓越功勋,党和人民永远不会忘记!

——胡锦涛

火箭发射基地

我国自主研发的卫星

1999 年 11 月 21 日,长征火箭将"神舟一号"飞船送入轨道;

2001 年 1 月 10 日,长征二号火箭托举"神舟二号"升空;

2002 年 3 月 25 日,"神舟三号"发射;

2002 年 12 月 30 日,"神舟四号"又被送入苍穹;

2003 年,"神舟五号"成功发射安全返回,真正实现了我国载人航天飞行的历史性突破;

2005 年 10 月 12 日 9 时,"神舟六号"飞船升空;

2008 年 9 月 27 日 16 时 41 分,"神舟七号"飞船发射。

早在 1958 年,科学家赵九章就提出了中国载人航天的最初预想。1968 年,我国正式建立载人飞船总体设计室。

1970 年,我国启动中国载人航天工程,代号为"714 工程"。这一工程把中国未来的宇宙飞船命名为"曙光一号"。与此同时,选拔航天员、新建发射场的部署也加紧实施。然而,限于国力的贫弱,科技实力的单薄,特别是"文革"十年,这项载人航天早期工程被迫中断。

中国载人航天事业的命运,注定要和国家的命运、民族的复兴紧密结合在一起。没有改革开放,没有改革开放以来国家经济实力的迅速增强、科技发展要求的日益紧迫,也就没有载人航天工程顺利实施的历史机遇。

中国航天人创立了中国航天事业的伟大辉煌,载人航天工程也培育出了"特别能吃苦、特别能战斗、特别能攻关、特别能奉献"的载人航天精神，为全党全军全国各族人民沿着中国特色社会主义道路奋勇前进增添了新的精神力量。

太空之鹰

2003 年 10 月 15 日凌晨 5 时 50 分，身高 1.68 米的杨利伟进入飞船。杨利伟的上天，显示了一个民族的空间高度。然而，仅有空间高度是不够的，一个民族还必须有精神高度。美国人一再声称："谁能控制空间，谁就能控制地球。"克里姆林宫也多次宣称："控制空间，是赢得战争的先决条件。"杨利伟在太空写下的第一句话是："为了人类的和平和进步。"这显示出我们中华民族的大胸怀、大眼界。

2003 年 10 月 16 日 6 时 23 分，中国第一艘载人宇宙飞船在绕行地球 14 圈之后成功返回。杨利伟自己从返回舱走了出来。

"神舟五号"的成功发射和安全返回，标志着中国成为世界上第三个有能力将航天员送上太空的国家。

2005 年 10 月 12 日 9 时，"神舟六号"飞船升空，又将两名中国宇航员费俊龙、聂海胜送入太空。在进行了长达 5 天 5 夜的飞行后，费俊龙和聂海胜于 2005 年 10 月 17 日 4 时 33 分安全返回。这是中国第一次有人参与的空间科学实验。

2008 年 9 月 27 日 16 时 41 分，身着中国研制的"飞天"舱外航天服的翟志刚头先脚后飘出舱外，开始沿着轨道舱壁活动。翟志刚从

杨利伟搭乘"神舟五号"飞船成功着陆

费俊龙、聂海胜搭乘"神舟六号"飞船成功着陆

"神舟七号"航天员翟志刚成功出舱

翟志刚搭乘"神舟七号"飞船成功着陆

战友手中接过五星红旗,在太空中挥舞。"'神舟七号'报告,我已出舱,感觉良好,向全国人民、全世界人民问好!"这是五星红旗第一次在广袤的太空中飘扬,浩瀚的太空第一次留下了中国人的足迹。此次载人航天任务的圆满成功,标志着中国已成为继美国、俄罗斯之后世界上第三个独立掌握空间出舱关键技术的国家。

为中国载人航天事业奋战在各个岗位上的科技人员

插 翅 者

从 1994 年 7 月起,数万名施工人员云集大漠。建设发射场航天城的工程异常艰苦,买不到充足的蔬菜,大家经常吃方便面。水土不服,拉肚子,流鼻血,是常事。戈壁滩沙石铺天盖地,几米之外看不见人影,突遇沙暴,就得赶紧趴在地上,否则就有被卷走的危险。

广大航天人自觉坚持勇于创新的进取精神,以迎难而上、敢于超越的胆识和智慧,攻克一个个尖端课题。从"神舟一号"到"神舟七号",中国载人航天工程在短短 9 年间实现了 7 次重大突破。仅从"神舟六号"到"神舟七号",航天人就对飞船、火箭进行了 263 项技术改进,使"神七"的"眼睛"更亮、"翅膀"变少、"躯干"拉长。在载人航天工程的 16 年里,广大航天人突破了一个个科技难关,攻克了一大批具有自主知识产权的核心技术和关键技术,为实现飞天梦想插上了科技之翼。

今天,在载人航天科技人员队伍中,青年一代占到了 2/3 以上,从提出"863计划"的著名科学家王大珩、王淦昌、杨嘉墀、陈芳允等,到从海外回国的年轻科学家王翔等,一代代航天人把自己的人生价值与国家的繁荣富强紧密相连,追逐着飞天的梦想。正如王翔所说:"为国争光与实现个人价值并不矛盾。"

王翔是载人航天队伍中为数众多的留学归国人员之一。本来他在美国的一家公司有着优越的工作环境和优厚的待遇。当得知中国"神舟五号"飞船发射成功的消息后,他毅然回国,把个人理想与祖国命运联系在一起,把个人选择与国家需要联系在一起。与王翔一样,一代代航天人在为祖国赢得荣誉的同时,也实现了自己的人生价值,搭起了中国人通往浩瀚太空的天梯。

王翔

载人航天工程分为7大系统,每个系统有10个左右的分系统和更多的子系统,系统相互独立又互相联系。据统计,工程直接参加单位110多个,涉及单位多达3000余家。这些单位,按照胡锦涛总书记提出的载人航天要"精心组织、精心指挥、精心实施,确保万无一失、确保成功"的要求,同心同德,齐心协力,有困难一起克服,有风险共同应对,创造了真诚联合、积极配合、密切融合的生动局面。

西安的火箭发动机,天津的飞船太阳帆板,河南的电连接器……各行业各地区所做的工作难以统计。仅是为了应对火箭上升那短短10分钟的应急返回,就有6艘船、多家后方支持医院、数支空中搜索分队参与其中。正是他们默默无闻的付出,成就了神舟系列飞船发射、飞行和返回的成功。

研发舱外航天服的领头人——责任总设计师李潭秋,45岁;"主力"队员刘向阳,主任设计师,37岁;其他成员,多是20多岁的大学毕业生。按照研制常规,舱外服的研制最起码也需要8年时间,而一支平均年龄不足30岁的青年团队却只用了不到4年时间,就

我国研发的舱外航天服

江泽民同志为杨利伟颁奖

胡锦涛同志为费俊龙、聂海胜颁奖

胡锦涛同志为翟志刚、刘伯明、景海鹏颁奖

攻下了这个堡垒,研制出具有中国特色、国际先进水平的舱外航天服。

中国航天人对我国航天事业作出了突出的贡献,得到了党、国家和人民的嘉奖和称赞,他们把获得的荣誉归功于党、国家、军队和人民的大力支持。

航天英雄

2003 年 11 月 7 日,中共中央、国务院、中央军委授予杨利伟同志"航天英雄"荣誉称号并颁发"航天功勋奖章"。杨利伟说:"是改革开放托起了神舟,是千千万万人把我送上了太空。"

2005 年 11 月 26 日,中共中央、国务院、中央军委授予费俊龙、聂海胜同志"英雄航天员"荣誉称号并颁发"航天功勋奖章"。航天员代表费俊龙说:"是祖国和人民把我们托上了太空,我们感觉好像在与祖国人民一起飞翔。"

2008 年 11 月 7 日,中共中央、国务院、中央军委授予翟志刚同志"航天英雄"、刘伯明、景海鹏同志"英雄航天员"荣誉称号并颁发"航天功勋奖章"。航天员代表翟志刚说:"光荣属于敬爱的党,属于亲爱的祖国,属于英雄的军队,属于伟大的人民!"

1992 年,我国确立了载人航天工程"三步走"的发展战略:第一步,发射载人飞船,建成初步配套的试验性载人飞船工程,开展空间应用实验;第二步,在第一艘载人飞船发射成功后,突破载人飞船和空间飞行器的交会对接技术,并利用载人飞船技术改装、发射一个空间实验室,解决有一定规模的、短期有人照料的空间应用问题;第三步,建造空间站,解决有较大规模的、长期有人照料的空间应用问题。自从"神舟一号"到"神舟七号",神舟飞船系列进展顺利。"神舟七号"飞船各项任务的圆满完成,标志着我国载

"神舟七号"飞船转运至发射塔架

杨利伟在测试发射大厅目送"神七"

人航天工程开始进入关键的第二阶段。

2007年10月24日,"嫦娥一号"月球探测卫星的发射成功,适时启动了载人登月关键技术的攻关,火星探测也进入了中国航天人的视野。实现新跨越,再攀新高峰。中国航天人在载人航天精神的激励下,在新的起点上,把目光投向更遥远的太空。我们深信,在不久的将来,广袤的太空会有一个中国航天人的"家"——空间站。

载人航天精神,丰富和发展了以爱国主义为核心的民族精神和以改革创新为核心的时代精神,是实践"三个代表"重要思想、全面贯彻落实科学发展观的具体体现,是推动科技创新、建设创新型国家的生动实践,为建设富强、民主、文明、和谐的社会主义现代化国家提供了强大的精神动力。

为"神舟七号"飞船进行整流罩合扣工作

神舟空间站示意图

精神链接:

山东航天科技馆
地址:山东省烟台市莱山区513所新园区
网站:中国载人航天工程网
http://www.cmse.gov.cn/

20集电视剧《国家使命》(2004)

88

PART 15

抗震救灾精神

万众一心、众志成城、
不畏艰险、百折不挠、
以人为本、尊重科学。

　　面对空前惨烈的灾难,在党中央、国务院和中央军委坚强领导下,全党全军全国各族人民众志成城、迎难而上,夺取了抗震救灾斗争的重大胜利,表现出泰山压顶不弯腰的大无畏气概,谱写了感天动地的英雄凯歌。

　　在抗震救灾和灾后恢复重建中,举国上下同心协力,海内外同胞和衷共济,充分展现了中华民族团结奋斗的民族品格和风雨同舟的强大力量。抗震救灾和灾后恢复重建取得的成绩,必将鼓舞全国各族人民满怀信心地把改革开放和社会主义现代化事业继续推向前进。

——胡锦涛

地震涉及四川、甘肃、陕西、重庆等 10 个省区市 417 个区县、4667 个乡镇、48810 个村庄。87438 名同胞遇难，430 多万人受伤，50 万平方公里的土地受灾，受灾群众 4625 万多人。

5 月之痛，记忆中不忍碰触的痛。

公元 2008 年 5 月 12 日 14 时 28 分——四川汶川特大地震不期而至。

这是新中国成立以来破坏力最强、涉及范围最广、救灾难度最大的一次特大地震。震级达里氏 8 级，最大烈度 11 度。直接经济损失达 8000 多亿元。

举国震惊，举国同悲！

举世震惊，举世同悲！

中华民族的传统美德在抗震救灾中焕发出耀眼的光芒。在生与死的瞬间，平凡的人们演绎着新时代的传奇。

情系灾区

特大地震发生后不到一小时，胡锦涛总书记即作出重要指示："尽快抢救伤员，保证灾区人民生命安全。"这一指示迅速传遍全国。

当晚，胡总书记主持召开中共中央政治局常委会议，全面部署抗震救灾工作。中央决定成立抗震救灾总指挥部，温家宝任总指挥。

胡锦涛总书记走进救灾帐篷慰问灾民

5月14日，胡总书记再次主持中共中央政治局常委会议，会议向全党全国军民发出号召："一切为了灾区，全力支持灾区。"

5月16日，在抗震救灾的危急时刻，胡总书记赶赴四川地震灾区，冒着余震检查指导工作。

"一方有难、八方支援、自力更生、艰苦奋斗"，胡锦涛总书记在陕西视察灾情时，在一所小学的黑板上写下了这16个字。

温家宝总理和随行人员在地震重灾区为救援队伍让路

特大地震发生后不到两小时，温家宝总理飞赴灾区。他在灾区日夜兼程80多个小时。在绵阳九州体育馆里的孤儿室内，温总理和身边的人们一同掉下了眼泪。在聚源镇中学，他向几十具学生遗体三鞠躬。他站在北川县城外的一块高地上，默默环视着这座满目疮痍的县城，神情异常凝重。

"我是总指挥，怎么能不到第一线？"这是他简洁至极的话语。

共和国总理的泪，共和国总理的爱，共和国总理的一言一行，使亿万人动容，给亿万人以温暖、信心和力量。

哀　悼

2008年5月18日晚，新华社播发国务院公告："为了表达全国各族人民对四川汶川大地震遇难同胞的深切哀悼，国务院决定，2008年5月19日—21日为全国哀悼日。"这是中国历

大学生用红蜡烛拼成中国地图

史上第一次为普通国民设立的全国哀悼日。

5月19日清晨4时许,天安门广场的国旗在国歌声中升到旗杆顶后,经过短暂的定格,缓缓降半旗。

下午14时28分起,全国人民为四川汶川大地震遇难者肃立默哀3分钟,汽车、火车、舰船鸣笛,防空警报鸣响。整个中国表达着同一种感情。

在四川省汉旺镇海军陆战队战士转送伤员

执行救援任务的直升机

救 援

特大地震发生后的几天之间,人民解放军几十万名官兵或从天而降,或翻山越岭,或徒步奔跑,或驱车而至,以最快的速度赶到灾区。他们从死神口中夺回了无数生命,然而有的人却献出了自己的宝贵生命,5月31日,成都军区某陆航团92734号直升机在执行运送受伤群众任务中,因高山峡谷局部气候瞬时变化、突遇低云大雾和强气流不幸失事,机组人员邱光华、李月、王怀远、陈林、张鹏5名同志以身殉职。我们的人民子弟兵不愧是当代最可爱的人。

一个个大写的人,永远感动和鼓舞着我们,永远与我们同行。

邱光华　　　李月　　　王怀远　　　陈林　　　张鹏

台湾地区救援人员

大爱无疆

一方有难,八方支援。有力的出力,有钱的捐钱,有血的献血,全国募捐数目创新中国成立以来最高纪录。仅四川地震,已接受国内外社会各界捐赠款物逾 700 亿元,其中捐赠款 417 亿元。

捐赠来自全国人民,港澳台同胞和海外华人纷纷慷慨伸出援手。

在捐赠的人群中,有著名的企业家,如唐山大地震的遗孤、天津荣成联合钢铁集团有限公司董事长张祥青,他与妻子张荣华捐赠 1.1 亿元人民币,被国民称为"中国最具社会责任感的民营企业家";在捐赠的人群中,也有拾荒的老人,拾荒老人几元几角的捐赠在人们的心目中同样值得尊敬,行为同样高尚。

坚 强

身高 1.83 米的郑海洋,是北川中学篮球场上的主力中锋,姚明是他的偶像。这位英俊少年的运动梦想,就在那可怕的几秒内破灭。但他牢记张海迪的话:"人的生命只有一次,活着我要战胜困难,创造成绩。残疾不可怕,思想也能生出翅膀,照样飞得很高。"他和张海迪拉勾,相约 2012 年伦敦残奥会。

2008 年 5 月 14 日,刚刚 3 岁的宋馨懿,在北川的一处废墟中压了 40 多个小时后被人们救出来。一年后,小馨懿的身高 102 厘米。一年间,这个在地震中失去父母、失去一条腿的孩子,整整长高了 9 厘米!这是生命成长的高度,这是灾难重压下的茁壮。它仿佛用一种坚忍的挺立告诉人们:再大的灾难,都不能压制生命的蓬勃。

在废墟中埋了 40 多个小时后被救出来的 3 岁女孩宋馨懿

希 望

在抗震救灾和恢复重建的战斗中,广大团员青年和青年志愿者队伍是一支重要的生力军。在来自四面八方、各行各业的队伍里,人数最多的是青年,特别是"80后"和"90后"青年。事实再次证明,当代中国青年是经得起考验,敢担当、能担当、善担当的一代,是必定大有作为的一代。

北京市街头红十字血液中心的采血车前挤满了献血市民

震后第二天,清华大学、北京大学、北京理工大学等高校纷纷开展献血活动,大学校园内,排起了蜿蜒数百米的献血队伍。北京王府井、西单等繁华地区的流动采血车前,挤满了等待献血的青年市民,队伍一度长达数里,引起交通堵塞。其中,20岁到30岁的年轻人过半。青年们挽起袖子捐献热血,给中国注入了阳光般的温暖……地震的苦难与救灾的壮举,使我们的青年人经历了一次庄严的洗礼,在参与之中完成了自己的"成人礼"。

刚刚被从废墟中营救出来的3岁儿童郎铮向救援战士敬礼

同姚明一道行进在北京奥运会开幕式上的小旗手林浩

四川省什邡市红白镇红白中心学校,当绷带、纱布用完之际,学生们解下红领巾,接起来的就是顶用的止血带。少先队员都知道红领巾是烈士的鲜血染成,谁想到在这里,他们的红领巾都如此染上了鲜血。新中国的红领巾在这里升腾起崭新的含义,这是我们重建精神家园熠熠生辉的旗帜和财富。

由小馨懿,不禁令人们想到了那个"敬礼娃娃"、那108个诞生在禅院里的"罗汉娃娃"、那位同姚明一道行进在北京奥运会开幕式上的"小大人"……看着这位小旗手,我们有理由相信,流传千年的中国精神一定会在他们的身上延续光大!

这场我国历史上救援速度最快、动员范围最广、投入力量最大的抗震救灾斗争,最大限度地挽救了受灾群众生命,最大限度地降低了灾害造成的损失:8.4万多名幸存者在废墟中被抢救出来;430多万伤病员得到及时医治;881万名困难群众得到及时救治;1510万受灾群众得到妥善安置。灾区没有饥荒,没有流民,没有疫情,没有社会动荡;所有受灾群众都有饭吃,有衣穿,有干净水喝,有临时住处……

胡锦涛总书记在纪念汶川地震一周年活动上讲话

2009年5月12日,纪念四川汶川特大地震一周年活动在汶川县映秀镇隆重举行。胡锦涛总书记等党和国家领导人同大家一起,齐声高唱国歌。

"抗震救灾和灾后恢复重建的伟大实践再一次告诉我们,团结就是力量,拼搏才能胜利。"胡总书记的讲话坚定有力,振奋人心。

抗震救灾和灾后重建的艰难实践,书写出自强不息、重建美好家园的动人篇章,奏响了雄壮的共产党好、社会主义好、改革开放好、伟大祖国好、各族人民好的时代主旋律。这场大地震把我们中国人的爱心汇聚在了一起,把中华民族的力量凝聚在了一起。它向世界昭示:这是民族团结的新检阅,民族文明的新洗礼,民族精神的新提升。

伟大的抗震救灾精神,是对爱国主义、集体主义、社会主义精神的集中体现和进一步发展,是对我们党和人民军队光荣传统和优良作风的集中体现和进一步发展,是对中华民族的伟大民族精神和当代中国人民的时代精神的集中体现和进一步发展。她是我们宝贵的精神财富。伟大的抗震救灾精神必将彪炳史册,激励今人,启迪后人!

PART 16
北京奥运精神

为国增光的爱国精神、艰苦奋斗的奉献
精神、精益求精的敬业精神、勇攀高峰的创新
精神、团结协作的团队精神。

我们更加珍惜北京奥运会留给我们的精神遗产，并努力使之
发扬光大。

——胡锦涛

北京奥运会的精神遗产之一，就是民族自信的增强。

——何振梁

北京奥运会让东西方文化在五环旗下相聚。

——罗格

中国奥运第一人刘长春

中国奥运先驱者张伯苓

百年期盼

2008 年 8 月 8 日，是全民期盼的奥运会开幕日，为了这一天，中华儿女奋斗期盼了一百年。1908 年，《天津青年》以醒目位置刊登了这样三个问题：什么时候中国能派出一名选手参加奥运会？什么时候中国能派出一支队伍参加奥运会？什么时候中国能举办奥运会？这就是我国体育史上著名的"奥运三问"。"三个什么时候"问得当时所有国人心寒，然而，这个声音在当时来说，只不过是积蓄在心中的一个呐喊，一个民族的梦想。

2001 年 7 月 3 日是中国人应该铭记的日子。当天北京时间 22：00，在莫斯科举行的国际奥委会第 112 次全会上，时任奥委会主席的萨马兰奇揭开了主办国的谜底——BEIJING！北京从此获得了第 29 届夏季奥运会主办权。中国人的奥运梦想就此成真。

萨马兰奇宣布北京获得主办权

为北京申办成功而欢呼

奥运建设者

从取得主办权的那一天到 2008 年 8 月 8 日，7 年风雨历练，7 年艰辛付出，7 年不懈筹办，7 年 2500 多个日日夜夜我们共同走过，为的是兑现一份神圣的承诺，为的是办出一届"有特色、高水平"的奥运盛会。一项项与国际接轨的政策相继出台，一座座场馆拔地而起又陆续竣工，一件件组织工作逐一落实，一处处服务奥运并使市民永久受益的城市基础设施陆续完成……

"自己的场馆自己建"，所有奥运场馆从完善设计方案、到结构计算、再到施工工艺和质量检验标准，完全由我国自主制定并施工完成，填补了多项国内技术空白。来

建设中的鸟巢

水立方

自全国各地的 26 万建设者夜以继日、精益求精地工作，许多建设者在五年的建设工期中有整整三年的夜晚是在火热的建筑工地上度过的，建造出了以"鸟巢"、"水立方"为代表的一批具有时代特色、民族风韵的建筑精品。

圣火传递

3 月 24 日希腊的奥运圣火采集仪式上，几百名旅希华侨华人身着印有"希腊华人：点燃激情，传递梦想"中文字样的 T 恤衫喝彩助威，成为一道亮丽的风景。华人的热情感染了在场的希腊人，他们一同喊着"Beijing Good luck！"（北京好运）。

从此，圣火点燃的激情在海外同胞中一路延续，雅典、阿拉木图、伊斯坦布尔、圣彼得堡、伦敦、巴黎、旧金山、布宜诺斯艾利斯、达累斯萨拉姆……圣火所到之处，挥动五星红旗，高唱中国国歌，身着奥运 T 恤衫，表演舞狮舞龙，华侨华人以各种方式表达内心的自豪与喜悦，也为奥运圣火途经城市打上了深深的"中国印"。在北京奥运会火炬境外接力传递中，千千万万海外华侨华人组织参与，挺身维护奥运圣火的纯洁，奋力捍卫了奥林匹克精神，生动展现了爱国情怀。

北京奥运火炬在我国三十一个省市区的一百零六个城市和香港、澳门进行传递，北京残奥会火炬在

圣火采集

2008北京奥运会火炬传递示意图

我国十一个城市进行传递，亿万人民热情参与。奥运火炬珠峰登顶传递团队挑战极限、勇攀高峰，实现了奥运圣火登上世界最高峰的历史性创举。

梦圆时刻

2008 年 8 月 8 日是国人梦圆的时刻，北京奥运会在中华大地上拉开了序幕。夜幕下鸟巢造型的国家体育场华灯灿烂，流光溢彩，可容纳 9 万余人的体育场内座无虚席，群情激动。

在国家主席胡锦涛宣布北京奥运会开幕后，吟诵着"有朋自远方来，不亦乐乎"的击缶而歌的倒计时，表达了对世界各地奥运健儿和嘉宾的欢迎；一个个燃烧的脚印穿

胡锦涛主席宣布
北京奥运会开幕

过夜空，一路向北，次第绽放，呈现出象征第二十九届奥运会的 29 个里程；灯光转暗，古琴声起，巨幅画轴缓缓展开，活字印刷、丝绸之路、太极、水墨画等，向世界呈现一幅中国的长卷、历史的长卷、文明的长卷。

开幕式上，中国代表队出场的那一幕给观众留下了极其深刻的印象，穿着白色 T 恤的林浩与姚明在一起，挥洒自如地走在中国代表队前面，还不时与姚明交流，抗震小英雄林浩的微笑感动了世界。在此，汶川抗震精神与奥运精神交汇在一起。

奥运开幕式上李宁点燃火炬

更快 更高 更强

一百多年来，奥林匹克用公平竞技的无穷魅力，吸引全世界的优秀健儿奋勇拼搏，争当英雄，聚焦全世界的目光，让人们为胜利欢呼，为英雄呐喊。这种魅力，源于人类共同的不断进取和不懈追求。

16 天，见证百年梦。从北京奥运会主赛场到各地分赛场，从"水立方"到"鸟巢"，每天都在追求卓越、超越自我，创造"更快、更高、更强"的奇迹。28 个大项、302 个小项淋漓尽致的竞技展示，让一切皆有可能！

从 8 月 9 日陈燮霞夺得首金开始，到 24 日，中国军团以 51 块金牌位居金牌榜第一，并获得银牌 21 枚，铜牌 28 枚，创造了中国体育新的辉煌。

牙买加"飞人"博尔特先后打破男子 100 米、200 米世界纪录，并与队友合作打破男子 4×100 米接力世界纪录，一次次挑战人类的生理极限；中国举重选手刘春红 5 破世界纪录；俄罗斯"撑竿跳女皇"伊辛巴耶娃第 24 次打破世界纪录，成为"离天空最近的女人"。

8月17日,美国游泳名将菲尔普斯梦想成真:一届奥运会独得8枚金牌,在36年后完成了对前辈施皮茨的超越。追梦的他并没有打算停下来:"今后,我希望在短距离项目上也能突破……这意味着可能要重新开始。"

南非"单腿美人鱼"纳塔莉·杜托伊特在女子10公里马拉松游泳中奋勇向前,并在24名选手中排名第16位。于是,她的名字和她的梦想,便一起永远铭刻在奥林匹克的历史中。

16天,每天都有激动人心的传奇故事。运动员们在坚守实现梦想的追求中,不放弃、不言败,不断超越自己。

两个奥运 同样精彩

在北京残奥会赛场上,来自147个国家和地区的4000多名残疾人运动员顽强拼搏、奋勇争先,刷新了279项残疾人世界纪录和339项残奥会纪录,向全世界传播了"超越、融合、共享"的理念,展现了人类坚忍不屈的精神力量。中国体育代表团获得89枚金牌、211枚奖牌,名列金牌榜和奖牌榜首位,创造了中国体育代表团参加残奥会以来的最好成绩。

当盲人运动员凭着听觉触觉飞身救球的时候,当脑瘫运动员身躺推床奋力推举的时候,当肢残运动员

迈开假肢大步跨越的时候，我们真切而直观地感受到了什么是不屈不挠，什么是震撼人心。残疾人运动员超越身体的局限，克服难以想象的艰难，付出了超出常人的心血和汗水，创造了令人惊叹的运动成绩。他们的努力和奋斗，让我们看到了"身残志坚，奋勇争先"的品格，看到了乐观向上、阳光灿烂的人生，看到了残疾的身体同样可以拥有健全的人格和事业的成功。人们由衷地感叹，生命如此美丽，生活如此美好。

从 2008 年 8 月 8 日北京奥运会火炬点燃的那一刻，到 9 月 17 日北京残奥会火炬

熄灭的那一天，中国人民和世界各国人民共同经历了激动人心的历史时光，共同分享了激情澎湃的奥运欢乐，共同书写了奥林匹克运动新的辉煌篇章。

北京奥运会、北京残奥会，两个奥运同样精彩。我们得到了鲜花、奖牌、赞誉，更收获了一些丰厚的物质精神财富，特别是收获的精神财富弥足珍贵。百年奥运梦想成功实现，是我们在实现中华民族伟大复兴征程上的又一次历史性跨越，也是我们沿着中国特色社会主义道路奋勇迈进的又一个新的起跑线。在全面建设小康社会、加快社会主义现代化建设的征程上，我们要大力弘扬北京奥运精神，使之成为推动我国多项事业发展的强大精神动力。同时，中国人民履行了对国际社会的郑重承诺。两个奥运的巨大成功，广泛弘扬了团结、友谊、和平的奥林匹克精神，大力促进了世界各国人民的相互了解和友谊，让同一个世界、同一个梦想的口号响彻寰球。中国人民坚忍不拔的执著和努力，实现了中华民族的百年期盼，完成了海内外中华儿女的共同心愿，赢得了国际社会高度评价，在现代奥林匹克运动史册上深深烙上了鲜明的中国印。

PART 17

改革开放精神

解放思想、实事求是、
开拓创新、与时俱进。

　　革命是解放生产力,改革也是解放生产力。要坚持党的十一届三中全会以来的路线方针,关键是坚持党的"一个中心、两个基本点"的基本路线,一百年不动摇。

——邓小平

　　要加快改革开放的步伐,不要纠缠于姓"资"还是姓"社"的问题讨论。改革开放的判断标准主要看是否有利于发展社会主义社会的生产力,是否有利于增强社会主义国家的综合国力,是否有利于提高人民的生活水平。现在要警惕右,但主要是防止"左"。计划和市场不是社会主义和资本主义的本质区别。

——邓小平

1978 年 12 月 18 日,党的十一届三中全会隆重召开。这次会议,实现了新中国成立以来我们党历史上具有深远意义的伟大转折,开启了我国历史的一个新时期。新时期最鲜明的特点是改革开放。党带领人民进行改革开放,目的就是要解放和发展社会生产力,实现国家现代化,让中国人民富裕起来,振兴伟大的中华民族;就是要推动我国社会主义制度自我完善和发展,赋予社会主义新的生机活力,建设和发展中国特色社会主义;就是要在引领当代中国发展进步中加强和改进党的建设,保持和发展党的先进性,确保党始终走在时代前列。

新时期孕育出新精神,这一精神就是改革开放精神,即解放思想、实事求是、开拓创新、与时俱进的精神。

正是在改革开放精神的指引和鼓舞下,尽管国际局势风云变幻,但是我们从容应对了一系列关系我国主权和安全的国际突发事件,战胜在政治、经济领域和自然界出现的困难和风险。无论是面对历史罕见的洪涝、雨雪冰冻、地震等重大自然灾害和非典等重大疫情,还是面对亚洲金融危机和当前这场国际金融危机,党和人民始终同心同德、奋勇向前。

在党的十一届三中全会上的邓小平

这些伟大历程和伟大成就深刻昭示我们:改革开放是决定当代中国命运的关键抉择,是发展中国特色社会主义、实现中华民族伟大复兴的必由之路;只有社会主义才能救中国,只有改革开放才能发展中国、发展社会主义、发展马克思主义;改革开放符合党心民心、顺应时代潮流,方向和道路是完全正确的, 成效和功绩不容否定,停顿和倒退没有出路。

党的十一届三中全会

1978 年 12 月 18 日,中共十一届三中全会在北京召开。这次会议是我国历史上一个非常具有深远意义的转折点:它重新确立了解放思想、实事求是的思想路线,开辟了改革开放的中国特色社会主义新道路;它正式确立了"一个中心,两个基本

党的十一届三中全会在北京召开

点"的基本路线,推动着改革开放的伟大实践……

正是这些同以往会议不一样的鲜明特色,十一届三中全会将中华人民共和国的历史划为两个迥然相异的时代:"十一届三中全会之前"和"十一届三中全会以来"。"十一届三中全会以来",成了全国人民使用最频繁的词句。

春天的故事

"1979 年,那是一个春天。有一位老人,在中国的南海边,画了一个圈……"这首展现改革开放之旅的《春天的故事》传唱至今。

这块在南海边、被画出来的地方究竟叫什么好?伟人的灵感豁然而至,石破天惊的时刻终于到来。

这一年 4 月份,邓小平与广东省委第一书记习仲勋谈话。他说:"你们上午的那个汇报不错嘛,在你们广东画出一块地方来,也搞一个特区。过去陕甘宁边区就是特区。中央没有钱,你们自己搞,要杀出一条血路来。"

广东虽然想先走一步,却没想到要办"特区",但是邓小平想到了。

邓小平的设想被中央采纳了,并正式明确广东的深圳、珠海、汕头试办出口特区,并要求广东省委先重点抓好深圳。

邓小平同志与夫人卓琳在南下的火车上

1980 年 3 月末,国务院在广州召开广东、福建两省工作会议,研究并提出了试办特区的一些重要政策,并同意把原拟的"出口特区"名称改为"经济特区"。1980 年 8 月 26 日,第五届全国人大常委会第十五次会议批准了《广东省经济特区条例》。这一天,即成为深圳经济特区成立日。

深圳速度

1984 年 3 月 15 日,新华社报道,深圳国际贸易中心大厦(国贸大厦,是 1984 年中国大厦群中的第一高度)施工单位创造了 3 天建成一层楼的建筑史上的新纪录,标志着我国超高层建筑工艺及速度已达到世界先进水平。

从此,"3 天一层楼"成为享誉中外的"深圳速度"的象征。正是在这种"3 天一层

深圳国贸大厦

楼"的速度下,众多神话般的成绩在深圳不断缔造出,GDP 的增速保持在 20% 以上,先后突破 100 亿、1000 亿、2000 亿、3000 亿,达到 2003 年的 3423 亿元。

正是在深圳特区这块试验田孕育出的新路子、新政策在全国被逐步推广开来,不仅对深化改革起到了不可替代的作用,更重要的是改变了中国的经济面貌。

深圳特区成立后,邓小平同志曾在 1984 年到深圳指导工作。1992 年,他再次来到深圳,刚一到达便不顾旅途劳累,开始视察工作。离开深圳时,邓小平同志刚走出几步,突然回头嘱托:"你们要搞快一点。"从他的"回头嘱托"可以看出,他是像爱着生命一样爱着经济特区啊!

浦东开发

"抓紧浦东开发,不要动摇,一直到建成。"

上海旧浦东

1990 年初,邓小平同志在上海过春节。当时,深圳、珠海、汕头、厦门 4 个经济特区发展迅速,而上海的脚步显得有些沉重和迟缓。他自责道:当年搞经济特区没加上上海,是自己的"一个大失误"。

不久,邓小平同志回到北京,对有关负责同志说:我已经退下来了,但还有几件事,我还要说一下,其中之一就是上海的浦东开发。"上海是我们的王牌,把上海搞起来是一条捷径"。

在邓小平同志的关怀和推动下,1990 年 4 月 18 日,党中央、国务院正式拉开了浦东开发的伟大序幕。邓小平同志对时任上海市委书记、市长朱镕基和其他上海负责同志说:"浦东如果像深圳经济特区那

上海新浦东

样,早几年开发就好了。开发浦东这个影响就大了,不只是浦东的问题,是关系上海发展的问题,是利用上海这个基地发展长江三角洲和长江流域的问题。"他嘱咐:"抓紧浦东开发,不要动摇,一直到建成。"

他还鼓励上海的干部和群众:"思想更解放一点,胆子更大一点,步子更快一点。""浦东开发比深圳晚,但起点可以更高,我相信可以后来居上。""地图更新的速度,赶不上浦东前进的脚步。"

曾几何时,"宁要浦西一张床,不要浦东一幢房"的民谚诉说着黄浦江两岸的天壤之别。如今,上海卖得最俏的房子在浦东,上海每卖出 4 套房子,差不多就有 1 套在浦东。

曾几何时,黄浦江上没有一座桥,人流、物流的往来依靠轮渡,效率很低,遇上恶劣天气交通就要阻断。如今,黄浦江上架起了 6 座大桥,江底修建了 5 条越江隧道。车辆的过江速度从原来的 2~3 个小时,缩短到 6~7 分钟。

曾几何时,与外滩隔江相望的陆家嘴,是一个低矮厂房、破旧棚户与阡陌农田犬牙交错的落后农村。如今,陆家嘴已成为可与纽约曼哈顿、东京新宿对话的世界级CBD,荟萃了 7 家要素市场、156 家中外金融机构、4000 多家中介服务机构和 2 万多"金融白领"。

正是在这样的新变化下,浦东新区经济增长速度保持在年均 18% 以上,取得了众多举世瞩目的发展成就,成为改革开放成功的重要标志,展示了中国特色社会主义道路的成功。

邓小平为天津开发区题词

天津滨海新区外滩

开发区大有希望

1986年8月19日，邓小平同志来津视察。一下火车他就对时任天津市长的李瑞环同志说："我要看看你们的开发区，天津开发区很好嘛，已经创出了牌子。"

当他看到在开发区这片土地上，昔日的荒凉悄然离去，眼前已经是道路交错、厂房林立、车水马龙的欣欣向荣景象时，他指出："你们在港口和市区之间有这么多荒地，这是个很大的优势，我看你们的潜力很大，可以胆子大点儿，步子快点儿。"

随后，在开发区座谈时，一位同志发言询问说："小平同志，中国的改革开放存不存在收的问题?"他坚定、郑重地说："对外开放还是要放，不放就不活，不存在收的问题。"

8月21日，视察完天津经济技术开发区后，邓小平欣然题词"开发区大有希望"。

受到邓小平同志视察、题词的鼓舞，天津经济技术开发区的经济发展速度和效益连续多年均名列国家级开发区的前茅，成为天津市最大的经济增长点。经过20多年的不懈努力，天津滨海新区成为继深圳特区、上海浦东新区之后又一带动区域发展新的经济增长极。

滨海速度

统计信息显示,2006 年滨海新区实现 GDP 1960.5 亿元,同比增长 20.2%,对天津经济增长的贡献度达到 51.4%,受滨海开发等因素影响,天津全市 GDP 达 4337.7 亿元,增速 14.4%,展现出继"深圳速度"、"浦东速度"之后的"滨海速度"景象。

空客 A320

改革开放新成就

从 1978 年至今,已经跨过三十余载了。三十多年来,中华大地发生了翻天覆地的变化,综合国力迈上了新台阶:从 1978 年到 2008 年,我国国内生产总值由 3645 亿元增长到 30.07 万亿元,是同期世界经济年均增长率的 3 倍多,我国经济总量上升为世界第三;人民生活总体上达到小康水平:从 1978 年到 2008 年,全国城镇居民人均可支配收入从 343 元增加到 15781 元;农民人均纯收入从 134 元增加到 4761 元;农村贫困人口从 2.5 亿减少到 1400 多万。

昔日的盐碱地,如今的天津塘沽开发区

正是在坚定推进改革开放的进程中,中国特色社会主义道路与中国特色社会主义理论在不断丰富与完善,业已成为引导中华民族走向繁荣富强的正确指南。

精神链接:

参观考察:深圳特区、上海浦东新区、天津滨海新区、江苏无锡华西村

电视专题片《风帆起珠江》(2008)
文献记录片《中国 1978》(2008)

PART 18
劳模精神

爱岗敬业、争创一流，
艰苦奋斗、勇于创新，
淡泊名利、甘于奉献。

在我们社会主义国家，一定要在全社会大力培育和弘扬劳动光荣、知识崇高、人才宝贵、创造伟大的时代新风，让全体人民特别是广大青少年都懂得并践行劳动最光荣、劳动最伟大的真理。

——胡锦涛

劳动是人类文明进步的源泉,劳动创造世界。成就任何一项伟业,都离不开劳动。

在中国共产党的领导下,工人阶级和广大劳动群众团结一心、辛勤劳动,书写了社会主义现代化建设恢宏壮丽的时代篇章。

劳动模范是劳动群众的杰出代表,他们在各自岗位上展现主人风采、焕发劳动激情,为社会主义现代化建设作出了突出贡献,铸就了信念坚定、立场鲜明,艰苦奋斗、勇于奉献,胸怀大局、纪律严明、开拓创新、自强不息的工人阶级伟大品质,在共和国的旗帜上镌刻了人民伟大、劳动神圣的无尚荣光。

爱岗敬业、争创一流,艰苦奋斗、勇于创新,淡泊名利、甘于奉献的伟大劳模精神,是中国工人阶级崇高品格的生动体现,是我们时代的宝贵财富,是激励我们团结奋斗、勇往直前的强大精神力量。

新中国一代代劳模的成长,见证了共和国发展的历史。劳模身份的多样,劳模精神的不断丰富,诠释滋养着劳动光荣、知识崇高、人才宝贵、创造伟大的时代新风。成千上万劳动模范在平凡岗位上建立的功勋永远铭刻在共和国的历史丰碑上。

孟泰

各界劳模代表

孟泰,新中国第一代全国劳模的杰出代表。1948年底,孟泰在鞍山钢铁厂带领工人们建立了"孟泰仓库"。他勇克技术难关,先后解决了十几个技术难题,成功自制大型轧辊,填补了我国冶金史上的空白。

申纪兰

申纪兰,一位太行山区的普通农村妇女。1951年,她积极参加生产合作社的创办,带领"娘子军"参加生产劳动,实行男女同工同酬。她和女社员们每天披星戴月,早出晚归,给光秃秃的荒山披上了绿装。她是1954年第一届全国人大—2008年第十一届全国人大的代表,这在全国是唯一的。

时传祥

时传祥,北京市崇文区清洁队队员,他用自己的双手,为首都的干净美丽作出了突出贡献,荣获了"全国劳动模范"等光荣称号,受到了党和人民的高度赞扬。"宁可脏一人,换来

万家净。"这是时传祥的人生格言。他朴素的人生,闪光的足迹,时至今日也一直鼓舞着全国环卫战线上广大职工为不断创造干净舒适的城镇环境而努力奋斗着。时隔几十年后的今天,时传祥全心全意为人民服务的精神,勤劳朴实、自强不息的民族精神,以及爱岗敬业、吃苦耐劳的奉献精神仍然激励着我们的青年一代。

陈景润

陈景润,中国科学院院士,为了攻克"哥德巴赫猜想"这一世界数学之谜,陈景润不管是酷暑还是严冬,在那不足 6 平方米的斗室里,食不知味,夜不能眠,潜心钻研,光是计算的草纸就足足装了几麻袋。经过 10 多年的推算,陈景润终于破译了这一世界数学"悬案"。这一成果国际上誉为"陈氏定理"。陈景润还在解析数论的研究领域取得多项重大成果,曾获国家自然科学奖一等奖等多项奖励。他是第四、五、六届全国人民代表大会代表。

大约在 200 年前,一位名叫哥德巴赫的德国数学家提出了"任何一个偶数均可表示两个素数之和",简称 1+1。他一生没有证明出来,便给俄国圣彼得堡的数学家欧拉写信,请他帮助证明这道难题。欧拉接到信后,就着手计算。他费尽了脑筋,直到离开人世,也没有证明出来。之后,哥德巴赫带着一生的遗憾也离开了人世,却留下了这道数学难题。200 多年来,这个哥德巴赫猜想之谜吸引了众多的数学家,但始终没有结果,成为世界数学界一大悬案。

袁隆平

袁隆平,新中国杂交水稻育种专家,中国工程院院士。自 1964 年起,他研究杂交水稻,取得了一系列重要成果。1975 年研制成功杂交水稻种植技术,为随后大面积种植奠定了基础。他被誉为新中国贡献最大的农学家。

蒋筑英,是我国光学界的优秀人才,他在科研中勇于探索,任劳任怨。1965 年,他和他的研究小组研制出了中国第一台光学传递函数测量装置,建成了国内一流的光学检测

蒋筑英

实验室。他掌握英、德、法、俄、日5门外语,翻译了大量外文资料。1982年6月,蒋筑英到外地工作期间,由于过度劳累,积劳成疾,不幸逝世,年仅44岁。蒋筑英乐于助人,他常说:"我就是一块铺路石,我要做更多的铺路工作,为祖国的科技现代化,为更多的年轻科技人员攀登高峰创造条件。"对于当代青年来说,他身上那种热爱祖国、热爱人民、热爱事业、热爱科学、献身科学的精神永远值得学习。

邓中翰

邓中翰,年仅四十一岁的邓中翰被誉为"中国芯之父",他主持研发的"星光中国芯工程"改写了"中国无芯"的历史,占领了核心技术的高地。截至2008年底,共申请了1500项国内外技术专利,实现了研发成果的产品化和产业化,销售覆盖中、欧、美、日、韩等十六个国家和地区。

孔祥瑞,天津港中煤华能煤码头有限公司操作队队长。曾荣获全国劳动模范、全国优秀共产党员、中华技能大奖等荣誉称号。他充分发挥老劳模和"蓝领专家"的引领示范作用,共主持完成了技术创新35项,修旧利废320项,节能降耗项目25项,为企业创效千余万元。

孔祥瑞

姚明,篮球运动员,他用高超的体育技能,带领国家男篮完成2004年和2008年两届奥运会的比赛任务。加入NBA后,赛场上姚明用实力赢得了对手的尊重,赛场下他的开朗、幽默、自信,乐善好施,同样也使人津津乐道。

姚明

他在一个强手如林的国家运动项目中占有了一席之地,成就了很多人的梦想,更成为中国人的骄傲。他出色的表现和随时听从祖国召唤的爱国精神,带给人们的思考已经远远超过了体育本身。他更是广大青年学习的楷模。

精神链接:

时传祥纪念馆
地址:北京市崇文区龙潭湖公园

电影《孔繁森》、《蒋筑英》
13集电视连续剧《陈景润》
(2003)

PART 19

60 周年国庆精神

高举旗帜、爱党爱国，

昂扬向上、开放自信，

敬业奉献、开拓创新，

团结奋进、继往开来。

　　国庆60周年系列活动办得很出色、很成功。整个活动主题突出、特色鲜明，隆重热烈、气势磅礴，充分展示了新中国成立60年来特别是改革开放以来取得的巨大成就，充分展示了全国各族人民团结奋斗、开拓进取的精神风貌，充分展示了人民军队威武之师、文明之师、胜利之师的良好形象，极大地振奋了党心、军心、民心，极大地增强了海内外中华儿女的自信心和自豪感，也受到了国际社会的广泛好评。这次国庆系列活动的成功举办，给我们留下一份宝贵的精神财富。

——胡锦涛

中共中央总书记、国家主席、中央军委主席胡锦涛检阅三军仪仗队

60 周年国庆精神凝结着全党全国各族人民的共同心声和坚定意志，展示了中国特色社会主义的强大生命力，体现了广大干部群众的强烈爱国感情和巨大精神力量，具有丰富的内容和深刻的内涵。

高举旗帜　爱党爱国

高举旗帜、爱党爱国体现了全国各族人民对党无比热爱、对祖国无比忠诚，对在中国共产党领导下走中国特色社会主义道路、实现中华民族伟大复兴的强烈认同感。

115

昂扬向上　开放自信

昂扬向上、开放自信体现了全国各族人民对中华民族洗雪百年耻辱,战胜各种艰难曲折和风险考验,全面推进改革开放和社会主义现代化建设,取得举世瞩目伟大成就的强烈自豪感。

敬业奉献　开拓创新

敬业奉献、开拓创新体现了全国各族人民自觉把个人的进步与国家的发展紧密结合起来,立足本质、爱岗敬业、无私奉献,以改革创新精神推进各项工作,在全面建设小康社会进程中建功立业的强烈责任感。

团结奋进 继往开来

团结奋进、继往开来体现了全国各族人民紧密团结在以胡锦涛同志为总书记的党中央周围，全面贯彻党的基本理论、基本路线、基本纲领、基本经验，坚定不移地走中国特色社会主义道路，迎难而上、共克时艰，奋力开创中国特色社会主义事业新局面、实现中华民族伟大复兴的强烈使命感。

10 月 1 日，中共中央总书记、国家主席、中央军委主席胡锦涛同各族群众一起联欢。

精神链接：

大型音乐舞蹈史诗片《复兴之路》

图书《复兴之路》中国民主法制出版社

PART 20
志愿者精神

友爱互助,自愿奉献,
主动参与,服务社会。

以相互关爱、服务社会为主题,深入开展城乡志愿服务活动,
不断发挥志愿服务在促进社会和谐方面的重要作用。

——胡锦涛

奥林匹克运动会是运动员的盛会,也是志愿者的盛会。

——国际奥委会主席 罗格

改革开放以来，一个词汇在中华大地风行，——志愿者；与之相伴随的是绽放出一朵绚丽的精神之花——志愿者精神。

志愿者(Volunteers)，是一个由西方引进的名称和概念，指的是在职业以外，不受私人利益或法律强制驱使，自愿奉献个人的时间和精力，在不为物质报酬的情况下，为改进社会而提供服务的个人或群体。而我国志愿者协会对志愿者的定义是：不为物质报酬，基于良知、信念和责任，志愿为社会和他人提供服务和帮助的人。

在香港，志愿者被称为"义工"，在台湾则被称为"志工"。尽管叫法不同，而志愿者的行为都具有公益性、无偿性、自愿性、利他性等共同的特征，奉献、友爱、互助、参与、进步是志愿者精神的共同内涵。

志愿者，是一个国际性称谓。志愿行为由来以久，白求恩就是国际志愿者的杰出代表。志愿者精神是我国传统美德、时代精神和人类共同优秀文明的有机结合。从古

在玉树抗震救灾中牺牲的香港"义工"黄福荣生前与灾区儿童合影

代乐善好施的先哲训示，到现代助人为乐的雷锋精神，无数仁人志士谱写出人类道德情感的华美乐章。志愿者精神是对中华民族传统美德的发扬光大，更是对社会主义时代精神的弘扬体现。

身边的志愿者

社会主义社会是有情的，人们渴望真情，渴望友爱，社会主义市场经济越是发展，人们对真情友爱的渴望就越强烈。志愿者们顺应时代的需求，以自己的志愿行为培育出一种新的社会道德——不同以往的新时期的志愿者精神。

在扶弱救残、赈济贫困、救灾抢险、社会建设、公益活动、环境保护等越来越广泛的领域，志愿者们大显身手。他们自我牺牲的

志愿者为群众服务

来自全国各地的志愿者为灾区服务

品格、奉献敬业的境界、高度的社会责任感、对社会进步的执著追求,深受人们的崇敬。

当代中国的青少年是我国志愿者大军中的生力军和主力军,在抗击非典、抗洪水、抗震的第一线,在奥运、世博会的现场,在日常生活的各个场合,无不看到青少年志愿者青春勃发的身影。志愿者精神,是当代中国青少年一枚闪亮的徽章,是一股沁人心脾的道德清流,在让爱心延续、助推社会文明前进的同时,青少年们也在志愿实践中获得自我成长。

百万奥运志愿者真心奉献、友爱互动,向世界展示了中国志愿者的时代风采,为祖国和当代中国青年赢得了巨大赞誉。"我们的工作就是这样,无论是骄阳酷暑还是瓢泼大雨,停车场永远是我们的舞台!"一位交通志愿者朴素的话打动了很多人。

国际奥委会主席罗格先生在奥运会开幕式上称赞志愿者:"感谢成千上万、无私奉献的志

上海世博会志愿者为游客指路

愿者们。没有他们,这一切都不可能实现。"国际残奥委会主席克雷文先生在残奥会开幕式致辞中提到志愿者时,送上了美丽的赞词——"中国无与伦比的志愿者们"。

2006年8月18日,北京奥运会赛会志愿者招募启动。

2006年9月10日,北京奥运会赛会志愿者报名人数达到10万。

2007年5月30日,北京奥运会赛会志愿者报名人数达到50万。

2008年3月5日,北京奥运会赛会志愿者报名人数超过100万。

北京奥运会青年志愿者

结 束 语

一个国家、一个民族,最可怕的是什么?是缺乏优质精神,是缺乏优质精神的传承延续光大滋长。一旦出现优质精神的历史断裂,那将是人类社会最大的悲剧,德国、日本的发展史乃至我国的"无产阶级文化大革命"就是最有力的证明。

中国时代精神的传承延续光大滋长靠的是谁?归根结底,靠的是中国亿万青少年们。

中国的青少年们能担此重任吗?有人不放心,认为"80后"、"90后"和"10"后,在娇宠的环境中长大,没有经历过艰苦,不懂得责任,难堪大任。

然而,无论是在重大自然灾害、突发事件面前,还是在日常社会生活中,我们的青少年一代以良好的素质风貌和作为,消除了人们的疑虑。青少年的表现深深教育着成年人们,感动着社会。

青少年一代所拥有的精神、意志、热忱和才智,他们所洋溢着的活力无限的时代气息,他们所展现的开放自信的主人翁姿态,令整个社会、整个世界刮目相看。他们堪当大任:成为民族精神和时代精神的发展者、承传者。

"芳林新叶催陈叶,流水前波让后波。"(唐·刘禹锡诗句)青少年一代大有希望,我们的国家、我们的民族大有希望。在改革开放中成长起来的亿万中国青少年们,请再次聆听并牢记毛泽东他老人家五十多年前对青年人说的那句话——希望寄托在你们身上!

我们的心灵家园

图话时代精神

PICTURES OF
THE TIME SPIRITS

引用和参考书文

胡锦涛：在纪念红军长征胜利 70 周年大会上的讲话,2006 年 10 月 22 日。

胡锦涛：在全国防治非典工作会议上的讲话,《十六大以来重要文献选编》(上),中央文献出版社,2005 年 2 月。

胡锦涛：在中共中央政治局第四次集体学习时强调:弘扬中华民族精神、运用科学技术力量、万众一心、众志诚城、科学防治、战胜非典,人民日报,2003 年 4 月 30 日第 1 版。

胡锦涛：在庆祝神舟七号载人航天飞行圆满成功大会上的讲话,人民日报 2009 年 11 月 8 日第 2 版。

胡锦涛：在出席纪念四川汶川特大地震一周年活动时的讲话,人民日报 2009 年 5 月 13 日第 2 版。

胡锦涛：在北京奥运会、残奥会总结表彰大会上的讲话,2008 年 9 月 29 日。

胡锦涛：在纪念党的十一届三中会全召开 30 周年大会上的讲话,2008 年 12 月 18 日。

胡锦涛：在全国劳模和先进工作者表彰大会上的讲话,2010 年 4 月 27 日。

胡锦涛：在中华人民共和国成立 60 周年庆祝大会的讲话,2009 年 10 月 1 日。

李长春：把新中国成立 60 周年庆祝活动的宝贵精神财富转化为开创中国特色社会主义事业新局面的强大精神力量,人民日报 2009 年 10 月 26 日第 2 版。

刘云山：启示与思考,《求是》2008 年第 20 期。

中共中央宣传部：《社会主义核心价值体系读本》,学习出版社,2009 年 1 月第 1 版。

中共中央宣传部：《伟大民族精神的壮丽凯歌——抗击非典先进人物事迹选》,学习出版社,2003 年。

中共中央宣传部：《科学发展观学习读本》,学习出版社,2008 年 10 月第 1 版。

中共中央党史研究室第一研究所：《长征图鉴》湖南人民出版社 2006 年 9 月第 1 版。

中共天津市委教育卫生工作委员会：《烈血长城——天津市教卫系统抗击非典英雄谱》,天津人民出版社,2004 年。

许军：高擎五四火炬,勇攀科学高峰,《天津青年工作》,2009 年第 2 期。

黄宏：《井冈山精神》,人民出版社,2005。

苏荣：把井冈山精神化作战胜危机的强大动力,人民日报,2009 年 4 月 10 日。

刘孚威主编：《井冈山精神——中国革命精神之源》,江西人民出版社,1999 年 10 月。

杜鸿林：《解析几何》,理论电视片《延安魂》、《延安时代》解说词。天津人民出版社,2004 年 6 月第 1 版。

黄宏、何事忠：《红岩精神》,人民出版社,2007 年 5 月。

段洪章主编：《中国知识青年上山下乡始末》,中国检察出版社 2009 年 1 月第 2 版。

鉴传会：五四运动:一项尚未完成的事业,《中国社会科学学报》2009 年 5 月 12 日第 4 版。

新华网：《新中国石油战线的铁人——王进喜》,责任编辑谷月。

子归原创文学网：《铁人王进喜》,作者柳如清风。

中国科普网：《"铁人"王进喜》,2008 年 1 月 16 日。

汪波、曹红涛：至情大美耀黑土——北大荒人 60 年的追求与坚守(上、下),人民日报 2007 年 8 月 16 日第 2 版。

李强：社会主义核心价值体系的支柱:以爱国主义为核心的民族精神,《中华魂》2009 年第 4 期。

田居俭：以改革创新为核心的时代精神是社会主义核心价值体系的支柱,《中华魂》2009 年第 5 期。

赵存生：《中国精神读本》,安徽人民出版社 2008 年 8 月第 1 版。

任仲平：筑起我们新的长城——论抗击非典的伟大精神,人民日报 2003 年 5 月 15 日第 1 版。

丁伟：燃烧自己照亮别人——追记人民医院医生丁秀兰，人民日报 2003 年 5 月 14 日第 2 版。

陆金国、邢远翔、陆铁琳、李天舒：永远的白衣战士——追记广东省中医院护士长叶欣，健康报 2003 年 4 月 16 日。

白剑峰：人民健康重于泰山——我国非典型肺炎防治述评，人民日报 2003 年 4 月 18 日第 11 版。

余玮：抗非典英雄姜素椿，人民日报海外版 2003 年 5 月 30 日第 7 版。

国防大学邓小平理论研究中心：在抗击非典中锤炼伟大的民族精神，人民日报 2003 年 5 月 26 日第 9 版。

宋连生：2003 年抗击非典回眸，《党史文汇》2008 年 12 月。

林路明等：《众志成城颂——中国人民抗击非典纪实》，学习出版社，2003 年。

吴束：《一场没有硝烟的战争——中国抗击非典纪实录》，中国国际广播出版社，2003 年。

蒋建科、廖文根、姜宁：五星红旗，太空飘扬——神舟七号航天员太空出舱记，人民日报 2008 年 9 月 28 日第 5 版。

贾永、曹智、白瑞雪：神舟连着中南海——党中央与载人航天工程，人民日报 2008 年 9 月 29 日第 1 版。

"飞天路上的壮丽凯歌——热烈祝贺我国神舟七号载人航天飞行圆满成功"，人民日报 2008 年 9 月 29 日第 1 版。

人民日报社论：谱写科学发展的崭新篇章，人民日报 2008 年 11 月 8 日第 2 版。

孔玉芳：《形势与任务教育干部读本》，河南人民出版社，2009 年 2 月。

韩瑞亭：圆梦之旅的清醒书写，光明日报 2009 年 6 月 3 日第 12 版。

贺绍俊：为中国航天事业秉公直书的"太史令"，光明日报 2009 年 6 月 3 日第 12 版。

赖大仁：让科学精神在文学中传扬，人民日报 2009 年 6 月 4 日第 16 版。

李鸣生：《千古一梦——中国人第一次离开地球的故事》，江西人民出版社、百花洲文艺出版社，2009 年 5 月。

袁华杰、潘启雯："中国模式：抗震救灾的开往者"，中国社会科学院报 2009 年 5 月 5 日第 2 版。

"我们的信念更加坚定了——写在汶川特大地震一周年"，光明日报 2009 年 5 月 12 日第 1 版。

冯海岩：《中国的精神记忆——2008 沉思录》，人民出版社 2009 年 2 月第 1 版。

"伟大的抗震救灾精神是我们的宝贵财富"，光明日报 2009 年 5 月 12 日第 1 版。

任仲平：那些不屈的力量让我们前行——写在四川汶川特大地震一周年，人民日报 2009 年 5 月 12 日第 1 版。

贺广华、郑德刚、江晓东、潘伟良：胜利一定属于英雄的中国人民——献给抗震救灾恢复重建一周年，人民日报 2009 年 5 月 12 日第 2 版。

陆伟强、黄维：走出废墟，康复中我们依然放飞梦想，文汇报 2009 年 5 月 12 日第 13 版。

孙承斌、邹声文、谭浩、刘铮：挺起中华民族不屈的脊梁——写在汶川特大地震一周年，人民日报 2009 年 5 月 13 日第 11 版。

刘奇葆：走过灾难的这一年——深情回顾"五一二"汶川特大地震一周年，人民日报 2009 年 5 月 12 日第 5 版。

王宏甲：在天府的苍穹反复吟唱，光明日报 2009 年 5 月 12 日第 7 版。

黄宏主编：《北京奥运精神》，人民出版社 2008 年 11 月第 1 版。

"传颂奥运精神，祝福伟大祖国"，人民日报 2008 年 4 月 15 日。

"聚集改革开放 30 年中国新发展"，解放日报 2008 年 9 月 8 日。

"明灯照雾都，精神传千秋"，光明日报 2009 年 7 月 28 日第 2 版。

沈杰：志愿精神在中国社会的兴起，《中国青年政治学院学报》2009 年第 6 期。

后　记

　　2010年仲春时节，天津人民出版社社长刘晓津女士找到我，建议我在已出版的《图话中国精神》的基础上，再编一本《图话时代精神》。我体味到她的意图，作为一个出版者，追求的是常作常新，尤其是作通俗理论读物，更需要紧扣时代脉搏，紧跟时代步履，紧贴读者心声。在《图话中国精神》付梓不久，我们党又相继提出并大力提倡若干精神，如60周年国庆精神、劳模精神、志愿者精神等。这些精神是改革开放时期铸就的新精神，是我们时代精神谱系中的新成员，应备加珍视。这些精神应当在《图话时代精神》中予以充分展现。

　　然而，我没有立即回应刘社长的托付。主要原因在于：编《图话时代精神》，其中有个重要的理论问题必须解决——即时代的界定问题。早在我撰写五集电视政论片《延安魂》和五集电视理论片《延安时代》解说词时就遇到了类似的难题，各方都感到《延安魂》名字比较一般，再改编的片名叫什么一时找不到感觉。我考察了党在延安13年的历史，将这段历史称为"延安时代"，得到各方认可。可那是一个"小时代"概念，不宜随意套用。经过文献研读和反复思考，我将由我们党领导中国人民所经历的革命、建设、改革三大历史时期归结为一个新的大时代，将这一大时代内培育的诸种精神统称为时代精神。其理由，我在本书引子中有所交待，当然交待得还很不充分，如有精力我会专门撰文阐述这个问题。关于时代界定这个关键问题解决后，加之我长怀于胸的"老三届"式的理想主义、责任意识、使命感又燎起火苗，于是我电告刘社长：活，我接了，尽心力做好。

　　经天津人民出版社同仁们的又一番倾注心血，《图话时代精神》摆到了读者面前。该书不仅增添了若干新精神的内容，同时又对《图话中国精神》中的内容作了重新修改和补充；在版式装帧设计和配图等方面也做了诸多调整。可以说这是一本新作的书。我真诚地希望同广大读者一道，特别是与广大青少年朋友一道，共同为中国时代精神鼓与呼，做践行中国时代精神的志愿者自觉者先行者。

杜鸿林

2010年8月

声　明

　　由于本书所编入的文字和所用的图片涉及范围广,渠道多,部分文字和图片的版权所有者无法逐一取得联系,烦请相关版权所有者看到此书后,与天津人民出版社联系,以便敬付稿酬。

来信请寄:天津市和平区西康路 35 号康岳大厦天津人民出版社

邮编:300051

电话:022-23332435　　23348595

天津人民出版社

2010 年 8 月